教育管理的理论探索与研究

陈 艳 著

延边大学出版社

图书在版编目（CIP）数据

教育管理的理论探索与研究 / 陈艳著. -- 延吉：
延边大学出版社，2022.8
ISBN 978-7-230-03527-9

Ⅰ. ①教… Ⅱ. ①陈… Ⅲ. ①教育管理－研究 Ⅳ.
①G40-058

中国版本图书馆CIP数据核字(2022)第148481号

教育管理的理论探索与研究

著　　者：陈　艳
责任编辑：孟凡现
封面设计：李金艳
出版发行：北京人文在线文化艺术有限公司
社　　址：吉林省延吉市公园路977号　　　　邮　　编：133002
网　　址：http://www.ydcbs.com　　　　E-mail：ydcbs@ydcbs.com
电　　话：0433-2732435　　　　传　　真：0433-2732434
印　　刷：三河市龙大印装有限公司
开　　本：710×1000　1/16
印　　张：13
字　　数：200 千字
版　　次：2023 年 1 月 第 1 版
印　　次：2023 年 1 月 第 1 次印刷
书　　号：ISBN 978-7-230-03527-9

定价：68.00元

前　言

　　1954 年 11 月 6 日，现代管理之父彼得·德鲁克（Peter Drucker）的著作《管理的实践》出版，标志着现代管理学的诞生。这位被称作"发明管理的人"在 1985 年对一位来访者说："《管理的实践》一书的出版使人们有可能学会如何去管理。在这之前，管理似乎只是少数天才才能做的事，凡人是无法做到的。我坐下来花了些工夫，把管理变成了一门学科。"不仅如此，他的贡献更在于精辟地论述了管理的本质："管理是一种实践，其本质不在于知，而在于行；其验证不在于逻辑，而在于成果；其唯一权威就是成就。"管理学如此，教育管理学也当如此。

　　教育管理学科的发展，离不开对教育管理理论和教育管理实践的探索，只有把理论的来龙去脉梳理清楚，把与教育管理实践相关的各种理论呈现出来，把它们对实践规律的揭示及对实践指导的价值探究清楚，才能彰显出理论的活力，才能完善已有理论，催生新的理论，所以必须对理论进行系统的研究。

　　本书共有四章：第一章分别从教育管理的概念、特点和理论源流三个方面进行论述；第二章是教育管理体制探索与研究，分别从教育办学体制、教育投资体制、教育行政体制以及学校内部管理体制四方面进行论述；第三章是学校管理理念探索与研究，分别从全面贯彻教育方针、实施素质教育以及依法治校三方面进行分析；第四章是学校教学管理探索与研究，分别从教学内容管理、教学组织管理以及教学质量管理三方面进行论述。

在编著本书的过程中，笔者学习和借鉴了大量的文献，在此向相关文献的作者们表示最诚挚的感谢！

由于笔者水平有限，书中难免会存在不妥之处，衷心希望广大读者给予批评指正，不胜感激！

陈艳

2022 年 6 月

目　　录

第一章 教育管理的概念、特点和理论源流

第一节 教育管理的概念和特点

教育管理的概念反映了教育中各种管理一般的、本质的特征。对其特点的揭示，会让我们对教育管理这一活动有更加准确、系统、全方位的理解。

一、教育管理的概念

教育管理是指国家为贯彻教育方针，实现培养目标，而对教育系统所进行的计划、组织、控制等一系列有目的的连续活动。这一概念界定表明党和国家的教育方针是实施教育管理的依据。各教育行政部门和学校根据相应的科学管理原理，通过对教育系统实施计划、组织、控制等一系列的连续活动，达到培养人才的目的。

一般来说，教育管理包括教育行政与学校管理。

教育行政是指国家对教育的管理，主要是指教育行政机关的活动，包括中央教育行政机关活动和地方教育行政机关活动。教育行政的主要内容有：贯彻党和国家的教育方针、政策，制定、推行教育法令，拟定教育规章，编制教育

计划，审核、分配教育经费，建立、健全与改进各级教育行政组织，任用、培养教育人员，视察、指导和考评所属教育行政单位和学校的工作，处理各项教育工作上的问题，等等。

学校管理是学校管理者为实现培养目标，遵循教育管理规律，运用一定原理和方法，对学校所进行的计划、组织、控制等一系列有目的的连续活动。学校管理的主要内容有：德育、智育、体育、美育、劳育的管理，教师和学生管理，保卫、总务、财务、图书、仪器管理，编制管理和管理机构对自身的管理，等等。

二、教育管理的特点

教育管理作为一般管理的一部分，除了具有一般管理的一些特点，还有自己独特的特点，如权变性、双边性、复杂性和多价值摄入性等。

（一）教育管理的权变性

影响教育管理工作的众多因素中既有系统性因素，也有随机性因素（也称偶发性因素）。

系统性因素是指在教育工作中长期起作用的因素，具有稳定性，如领导者的水平及能力、教师的业务素质、学校的周边环境、学生来源、学校建筑设计等。对于这类因素，人们可以提前预测它的出现，也可以据此事先采取相应的管理措施。这类因素虽然比较容易发现，但造成的相应问题不易解决。

随机性因素是指在教育工作中偶然出现的因素，具有不稳定性。例如，由于某种原因，某堂课换了一个条件不好、室外又有喧闹声的教室，导致这堂课的教学质量不佳。这类因素造成的问题虽然不像系统性因素那样难以解决，但有时不易发现。人们往往难以预测它的出现，难以事先制定相应的管理措施。

这两类因素的存在使得教育管理中既有规范性管理，又有权变性管理，如编班、安排课程、考评教学工作量等都属于规范性管理。这些工作如何做，事先都有明确规定。在权变性管理中，如何处理因随机性因素造成的问题，没有明确规定，应该根据具体情况采取相应的管理措施。实际上，不存在适用于任何情况的"最佳"管理方法和措施。哈罗德·孔茨（Harold Koontz）强调"有效的管理总是随机制宜的或因情况而异的管理"。因此，要善于把教育管理理论因地制宜、因事制宜、因人制宜地加以改造。

在教育管理中，人的因素占主导地位，人作为地球上唯一有思维活动的生命，有许多变化的不定性，教师不经意间的一个眼神、一种表情、一句话、一种行为可能会对学生产生莫大影响。另外，即使有了管理规则，也会因非理性因素而出现随机事件。因此，教育管理具有很强的权变性，应该根据具体情况采取相应的教育教学和领导措施。

（二）教育管理的双边性

任何管理活动均包括管理者与被管理者，管理是在管理者与被管理者的相互运动中实现的。管理对象虽然包括物，但主要是人，管理主要是在人-人的双边关系系统中实现的。可以说，任何管理活动都具有双边性，教育管理也不例外。

就一般管理而言，管理者通过对被管理者实施影响，使他们按照预定目标去行动，改变自己不符合组织目标的行为。被管理者在接受管理者对他们的影响时，并不是消极、被动地去服从指挥，而是根据自己的需要带着主观认识去接受命令。被管理者在工作中表现出来的对命令的服从感、责任感、成就欲等对管理者是一种影响。这种影响可能是积极的，也可能是消极的。积极的影响可以使上级管理者或同级人员增强信心，正确对待面临的困难，有利于预定目标的实现。消极的影响会使人们丧失信心，阻碍预定目标的实现。因此，管理过程是管理者与被管理者相互作用、相互依存和相互制约的影响活动。

较之一些其他管理活动，教育管理的双边性更加突出，而且有其特殊性。教育是一种培养人的事业，对于教育领域中的很多东西，人们难以下定论或把握，如怎么做是启发性教学，什么行为是因材施教。教师的教育理念、工作态度、责任心等，很难通过教师的某种行为去判定，教师在从事某项工作时将持有什么心态、生成什么行为也很难被预定。在这种情况下，作为被管理者的教师与作为管理者的校长、主任等，以及作为被管理者的学生与作为管理者的教师等，他们之间的相互活动，尤其是积极的活动对实现教育目标、满足被管理者的需要显得格外重要。

（三）教育管理的复杂性

学校是教育组织中最庞大的群体，这个群体涉及很多人员及其相互关系。从学校内部来说，有行政人员、教师与学生；从外部来说，有家长、亲戚、社区成员，其中家长是一个庞大的与学校有密切关系的群体。这些人员之间又构成了不同的社会关系。

学校本身也有不同于其他组织的特点：

首先，学校中的教师具有双重角色，既属于被管理者，又属于管理者，他们每年、每学期、每月甚至每天都在不同的角色中变换。教师作为被管理者时面对的是成人，作为管理者时面对的是未成年人（中小学教育阶段）。不仅如此，他们还以职业人的角色出现，肩负培育国家未来接班人的重任，被社会誉为"人类灵魂的工程师"，因此要时刻注意自己的言行，要起到"行为示范"的作用。

其次，学校中的学生有不同于成年人的特点：他们的生理处于快速成长时期，心理也存在诸多矛盾；他们渴望独立，但是又不具备独立的条件；他们喜欢标新立异，这种心理使一些学生出现较强的叛逆性；他们有时会比较冲动。

最后，对于学校来说，每年都要迎来一批新学生，每年也要送走一批毕业生。在迎来新学生的同时，学校也迎来了与他们相关的社会关系。所以，学校是人员、社会关系变化极大的组织，学校管理属于走动式管理。

此外，中小学的学生基本都是未成年人，不具有完全民事行为能力，家长是他们的监护人。所以，中小学管理不仅要面对学生，还要面对家长。家长是具有不完全组织性的群体，他们没有明确的组织目标、组织结构、组织规则等。因此，对家长这个群体的管理具有很大的难度。

上述人员及组织本身的特点表明教育组织具有复杂性，对于这种组织的管理也具有复杂性，对其管理要特别注意方式方法。

（四）教育管理的多价值摄入性

教育的不确定性，使得管理者经常要对工作中的问题作出判断与决定，许多判断与决定属于价值选择问题，而不属于是非对错问题。因此，管理者在进行管理时，不仅要进行事实判断，还要进行大量的价值判断。

事实判断着眼于事物的客观发展状态，旨在描述和反映事物的性质、功能和变化。事实判断就是要原本地再现客观事实，清除以主体为转移的成分，清除主体的需要和干扰等。价值判断从主观意志、需要和愿望出发，旨在估量和评价事物对人的需求的影响，要以主体自身需要作为评价的依据，其内容自然不能排除主体，而应以主体的需要为转移。价值判断是事实判断的目的性追求，要以对事实的正确认识为基础，使主观需求与客观相符合。

教育是价值高度涉入的事业，教育教学活动常常会涉及其他活动不常遇到的价值问题。学校是社会上各种价值观念冲突的中心，这些价值观念的冲突及其他价值方面的问题，常常反映在教育教学工作中，这使得教育者必须时常运用自己的价值观，在事实基础上进行价值判断，然后选择理性的、应然的行为。

教育工作充满各种各样的价值判断，这一特点表明教育管理不仅有单纯的技术问题，还有很多价值判断问题。因此，教育管理者要随时依赖个人的道德观对教学、科研和管理进行价值判断，以对事实的正确认识为基础的同时，还要考虑对学生、教师和学校发展的意义，可以说，学生、教师和学校发展的需要是价值判断的依据。

第二节　教育管理的理论源流

教育管理的理论源流可以追溯到中国早期的管理思想和西方管理理论。早期管理思想是后来管理理论产生的基础。例如，在我国春秋时期，孔子就提出了德治的管理思想，《论语·为政》提到"道之以政，齐之以刑，民免而无耻；道之以德，齐之以礼，有耻且格"，意思是对社会有效的管理有两条：一是"道之以德"，即用道德规范引导、教育人民；二是"齐之以礼"，即用礼仪使人民整齐一致，这样人民就知道羞耻并且自觉地约束自己而归于正道了。对管理理论进行比较系统的阐述始于 19 世纪末 20 世纪初的西方。一般来说，管理理论的演变经历了古典管理理论阶段、行为科学管理理论阶段、现代管理理论阶段和现代管理理论新发展阶段，这里以这几个阶段为主，探寻教育管理的理论源流。

一、古典管理理论

古典管理思想产生于 19 世纪末 20 世纪初。那时，一些组织的生产效率低，组织活动无计划，组织成员的工作责任含糊不清，社会急需把组织从混乱中解脱出来，于是古典管理理论诞生了。在古典管理理论中，比较有代表性的是美国的弗雷德里克·泰勒（Frederick Taylor）的科学管理理论、法国的亨利·法约尔（Henri Fayol）的一般管理理论、德国的马克斯·韦伯（Max Weber）的理想行政组织理论。这里重点阐述前两位学者的理论。

（一）泰勒的科学管理理论

泰勒出生在美国宾夕法尼亚州费城的一个律师家庭。22 岁的泰勒进入费城米德维尔钢铁公司工作，由于他的聪明和勤奋，在不到 10 年的时间里，便由一名普通工人逐步成长为总工程师。1898 年，他到伯利恒钢铁公司工作。1901 年以后，他用大部分时间从事写作、讲演，宣传他的科学管理理论。

19 世纪末 20 世纪初，科学技术和社会经济都出现了巨大的变化。资本主义经济的发展逐步由自由竞争时期进入垄断时期。然而，工业上实行的仍是传统的经验管理方法，靠饥饿政策迫使工人工作，靠延长绝对劳动时间和增加劳动强度赚取更多的利润，这激起了工人阶级的强烈反抗。当时，泡病号、磨洋工、偷工减料的现象大量存在，管理者的管理也存在问题，使得劳动效率低下。科学技术的发展，资本主义生产的集中和垄断，劳资矛盾的发展和尖锐化，对企业管理提出了新的要求，促成了管理思想的进一步发展。在这样的时代背景下，泰勒的科学管理理论诞生了。

1911 年，泰勒所著的《科学管理原理》一书出版了，这本书对科学管理理论进行了详细阐述。他的科学管理理论体系称为泰勒制，指应用科学方法确定从事某项工作的最佳方法。泰勒对科学管理作出了巨大贡献，被后人誉为"科学管理之父"。

1.科学管理的目的

泰勒首先阐述了管理的目的，他认为管理的主要目标应该是使雇主的财富最大化，同时也使每一位雇员的财富最大化，"广义上讲，这里用到的'财富最大化'不仅意味着公司或其所有者能获得更多的利润，还意味着各行各业都达到了最好的经营状况。只有这样才能实现永久的社会财富最大化。"由此我们看到，泰勒的科学管理实际上是雇主、雇员双赢的管理思想。他还认为雇主与雇员的真正利益是一致的，除非实现了雇员财富最大化，否则不可能永久地实现雇主财富最大化，反之亦然；同时满足工人的高薪这一重大需求和雇主的产品低劳工成本的需求，是可能的。

不仅如此，泰勒认为科学管理还要实现管理者与工人之间的友好合作。他认为，通过实行科学管理，工人和管理者之间可以彼此和谐相处，在对待各自职责方面、精神面貌上有了彻底改变，两者之间的职责有了新的分工，其亲密无间、友善协作的程度，在过去的管理制度下是不能达到的。这一切如果没有逐步形成的新管理机制的支持，在许多情况下是不可能实现的。

2.科学管理的主要内容

第一，劳动定额制。通过对工人操作和劳动时间进行观察和实验研究，规定完成某项工作的标准动作和完成这些动作所需要的时间，从而创造了劳动定额制度。

第二，标准化制。工人在工作时要采用标准的操作方法，原材料、工具、工艺规程等都必须标准化。

第三，差别计件工资制。如果一个工人生产一定标准数量的产品，那么他的收入按某一计件率计算。如果产量超过此标准，则用较高的计件率来计算所有的产品；如果产量低于此标准，则用较低的计件率来计算所有的产品。

第四，职能制。建立与各车间平行的各种科室，去执行各种管理工作的职能。通过这种管理的分工，每个管理者只承担特定的管理职能，这有利于提高管理的效率。

泰勒认为，科学管理有四个基本组成要素，或者说科学管理的四大基本原理包括：形成一门真正的科学，科学地选择工人，对工人进行教育和培养，管理者与工人之间亲密友好地合作。泰勒还对科学管理进行了概括，他认为：科学管理是科学，而不是单凭经验的方法；是协调，而不是分歧；是合作，而不是个人主义；是最大产出，而不是有限制的产出；是实现每个人的劳动生产效率最大化，富裕最大化，而不是贫困。

泰勒科学管理的产生是管理发展史上的重大事情，他倡导用科学研究来代替个人判断和经验，他通过研究和实践形成了一整套科学管理制度，这是管理从经验走向科学的至关重要的一步，对管理发展产生了巨大的推动作用。但是泰勒对人的看法是错误的，他的理论建立在"经济人"的基础上，即认为人的一切活动都出于经济动机，忽视了社会因素对人活动的制约作用。同时，泰勒仅仅解决了个别具体工作的作业效率问题，没有解决企业作为一个整体如何经营和管理的问题。

（二）法约尔的一般管理理论

法约尔出生于法国的一个小资产者家庭，19 岁毕业后进入一家公司任工程师。自 1866 年开始，他一直担任高级管理职务。他把公司作为一个整体加以研究，还对公司进行了改革和整顿，使公司摆脱了濒临破产的处境，稳固了公司的市场地位。他写了很多著作，内容包括采矿、地质、教育和管理等。他在管理领域的贡献，使他受到后人的瞩目。他将自己的管理经验归纳提升为理论，于 1916 年出版了《工业管理与一般管理》一书，在这本书中他提出了他的一般管理理论。法约尔是 20 世纪上半叶最杰出的管理学家，被誉为"现代经营管理之父"。法约尔的一般管理理论的主要内容主要涵盖以下四个方面：

1.提出并描述管理的六项基本职能

法约尔认为管理包括六项基本职能：①技术职能，如设计、生产、制造、优化等；②商业职能，如采购、销售、交易等；③财务职能，如筹资、资本效用最大化等；④安全职能，如资产和人员的保全等；⑤会计职能，如存货盘点、资产负债表的制作、成本核算、统计等；⑥管理职能，如计划、组织、指挥、协调、控制等。

2.提出并阐述管理的五种要素

法约尔是最早将管理的组成要素加以概括和系统论述的管理学家，他认为管理是由计划、组织、协调、指挥、控制这五种要素组成的活动过程。

计划：预测未来并确保各种行动计划的实施。

组织：确保各职能权力与职责的实现，建立一个包括物质和人性的双重结构企业。

协调：确保各项职能活动的及时性与连贯性，使企业员工能够团结在一起，和谐地开展各项职能活动。

指挥：使计划得以实施，使工作得以完成。

控制：监督与更正，确保每件事情都按照既定规则和程序运行。

3.提炼出十四条管理原则

法约尔认为要执行好管理职能，就要依赖一些原则，也就是说要依托一些已经被论证的、被接受的道理。管理原则指引着管理过程，指引着诸如计划、组织等要素。为此，法约尔提炼出十四条管理原则：劳动分工、权力与责任、纪律、统一指挥、统一领导、个人利益服从整体利益、人员的报酬、集中、等级制度、秩序、公平、人员的稳定、首创精神、人员的团结。

4.明确员工需要具备的各种能力

法约尔认为，每一个员工都应该具备技术能力、商业能力、财务能力和管理能力等，这些能力都是以一系列的素质与知识为基础的，这些素质与知识包括身体、智力和道德的素质，以及一般文化、专业知识和经验。法约尔认为管理能力可以通过教育来获得，他大力提倡在大学讲授管理学。

法约尔管理理论从较高层次上弥补了泰勒科学管理的不足。由于他强调管理的一般性，所以他的理论在许多方面也适用于政治、军事、教育及其他领域，该理论给实际管理者提供了巨大帮助。法约尔一般管理理论的不足之处是他的管理原则过于僵硬，以至于实际管理者有时难以遵循。

二、行为科学管理理论

古典管理理论对管理理论的形成与发展及管理水平的提升都起到了很大的推动作用，但是这种理论注重生产过程等方面的作用，没有更多地考虑人的积极性与创造性问题，"经济人"色彩很浓，引起了工人的不满，使劳资矛盾加深。加之生产力的迅速发展，新兴工业的不断涌现，科学技术的广泛应用，都要求管理不仅要关注生产本身，还要关注人的动机、情绪，关注组织氛围。于是，着重研究人的因素，旨在调动人的积极性的行为科学学派应运而生。行为科学理论是于 20 世纪 30 年代开始逐渐形成的研究人的行为的综合性新学科，早期被称为人际关系学说。人际关系学说产生于乔治·梅奥（George Mayo）的霍桑研究。

（一）霍桑研究

霍桑研究是 1924 年到 1932 年期间，美国有关研究人员在霍桑工厂进行的有关工作条件、社会因素与生产效率之间关系的研究，旨在解决劳资矛盾和生产效率低下的问题。

霍桑研究分为四个阶段：

1.照明实验（1924—1927 年）

照明实验是在麻省理工学院电气工程学教授杜格尔·杰克逊（Dugald Jackson）的具体指导下进行的，实验目的是研究照明情况对生产效率的影响。研究人员认为，工作的物理环境是影响工作效率的主要因素之一。他们把参加实验的工人分成实验组与控制组，控制组的照明度始终不变，实验组的照明度不断变化。实验结果表明，照明度与工作效率没有单纯的直接因果关系。

2.继电器装配室实验（1927—1929 年）

从 1927 年冬季开始的后三个阶段实验都是在梅奥的领导下进行的。继电器装配室实验的目的是通过实验发现各种工作条件变动对生产率的影响。研究小组选出装配电器的 6 名女工，把她们安置在单独一间工作室内工作，同时改善工作条件，比如增加工间休息时间，工间休息时免费供应茶点，缩短工作时间，实行每周 5 天工作制，撤销工头监督，实行团体计件工资制，等等。6 名女工在工作时可以自由交谈，观察人员对她们的态度也非常和蔼。在实验期间，产量不断上升。实验一段时间后，研究小组决定取消这些优待，但是生产率并没有因此而下降。梅奥等人发现，是监督和指导方式的改变导致女工们工作态度的改变。同时实验也表明，工作条件等不是提高工人劳动生产率的唯一因素。

3.访谈研究（1928—1930 年）

从 1928 年 9 月开始，为了验证第二个阶段的实验结果，梅奥的研究小组进行了大规模的访谈研究，他们共花了两年时间对两万多名职工进行访问交谈。交流涉及的问题很广泛，并且允许职工自己选择话题、提建议、发牢骚。工人们通过交谈，极大地发泄了胸中的闷气，许多人觉得这是公司所做的最好事情，取得了很好的效果，生产效率大幅度上升。职工们的工作态度之所以转变，是因为他们吐露心声后感到轻松愉快，他们看到他们的许多建议被采纳，他们参与决定公司的经营与未来的讨论，而不是只做一些没有挑战性和不被感谢的工作。实验又一次表明：影响生产效率的最重要因素是工作中发展起来的人际关系等社会因素，物质条件的变化往往对生产效率的影响不大。研究小组还了解到，每个工人的工作效率的高低，不仅取决于他们自身的情况，而且与他所在小组中的其他同事有关，任何一个人的工作效率都要受他的同事的影响。为了对这一点进行进一步系统的研究，实验进入了第四个阶段。

4.观察研究（1931—1932 年）

在梅奥的领导下，研究小组又进行了"接线板小组观察室"实验，目的是搞清楚社会因素对激发工人积极性的重要性。研究小组选择了几名接线板工人，通过 6 个月的观察发现：①工人在故意自行限制产量；②成员中存在着一些小派系，这些派系中的规范会影响工人的行为。这些规范包括既不能工作太多，也不能工作太少；不能在上司面前打小报告；不能远离大家，孤芳自赏；不能自吹自擂，一心想领导大家；等等。研究小组由此得出结论：①在正式组织中存在非正式组织；②对职工来说，在群体中的融洽性和安全性比工资、奖金等物质因素有更重要的作用。

（二）人际关系学说

根据霍桑研究结果的分析与研究，梅奥于 1933 年出版了其代表作《工业文明的人类问题》，提出了与古典管理理论不同的新观点——人际关系学说。梅奥认为，在特定群组内经常发生所谓人际关系失调，可能意味着对工作的关系和对人与人之间关系的惯例规则的失调，而不是指个人的初级非理性行为。所以，梅奥非常注重组织中的良好人际关系的建立。梅奥人际关系学说的主要内容如下：

1.人是"社会人"，而不是"经济人"

工作条件、工资报酬不是影响生产效率的第一因素，社会因素与心理因素对人有更大的影响。因为人总是要从属于某一群体，并受到群体的影响。人们不是单纯追求物质与金钱，而是还要追求人与人之间的友谊、安全感、归属感等。新的激励重点必须放在社会、心理等方面，使人们之间更好地合作，从而提高劳动生产率。

2.生产效率的高低在很大程度上取决于工人的工作态度和工作情绪

泰勒认为物质工作环境是影响生产效率的主要因素，生产效率、作业方法和作业条件三者之间存在着单纯的因果关系。而霍桑的研究表明，作业条件的变化与生产效率的改变没有线性关系，生产效率与工人的工作态度和工作情绪却有很大关系。工人的工作态度积极、工作情绪高，生产效率就高。工作效率的提高可以归因于士气高涨，而不是因为实验过程中实施的其他任何改变。社会因素则是影响工人工作态度和工作情绪的主要因素。

3.企业中存在非正式组织

梅奥认为在企业中除了正式组织，还存在非正式组织。这种无形的组织是企业成员在生产和生活过程中，为了满足某种需要而形成的，它会左右群体中的每位成员的行为。古典管理理论仅注重正式组织的作用，忽视了非正式组织对职工行为的影响，这显然是存在局限性的。非正式组织与正式组织相互依存，对生产效率的提高都有很大影响。

4.新的领导方式在于提高工人的满足程度

既然生产效率的高低主要取决于工人的工作态度和工作情绪，而工人的工作态度和工作情绪则取决于他们感觉到的各种需求的满足程度。这种满足程度首先表现为职工在工作中的社会地位，是否被上司、同事等承认，其次才是金钱和物质。所以，新型领导不仅要解决工人技术和物质方面的问题，还要掌握工人的心理状态，了解他们的思想情绪，采取相应的措施，以达到提高生产效率的目的。梅奥强调：新型领导者既要具有技术经济技能，又要具有人群关系技能，既要了解人们合乎逻辑的行为，又要了解不合乎逻辑的行为；管理者不能只站在自己特殊职能的狭窄立场上，认为由强有力的社会规约所建立起来的控制，在人类生活和行为的其他领域，还可以继续产生作用；管理者必须学会倾听他人的心声，否则，不管他多么聪明，不管他的经验多么丰富，由于个人经历和思维能力的局限性，他都不会真正了解工人的需要。

（三）行为科学的兴起

梅奥的人际关系学说在学术界和企业界引起了极大反响，芝加哥大学、麻省理工学院等著名大学，相继建立了人际关系研究中心，使人际关系学说得以迅速发展，这为行为科学的诞生奠定了基础。1949 年，一批哲学家、社会学家、心理学家、生物学家、精神病学家在美国芝加哥大学讨论、研究人的行为规律的问题，在充分肯定了人际关系学说的一系列研究成果后，认为在此基础上有必要创建一门新的综合性学科，并把它正式定名为行为科学。

关于行为科学，国内外学术界有着不同的解释。一般认为，行为科学是研究人的行为产生、发展和转化规律，以便预测和控制人的行为的一门学科。研究行为科学的目的，就是运用科学方法，通过对人的心理活动的研究，揭示人的行为规律，调节人与人之间的关系，从而采用新方法管理员工，最大限度地调动人的积极性，有效地提高劳动生产效率，最大化地实现组织目标。

行为科学是跨多学科、综合性、边缘性的学科，它与心理学、社会学、人类学、政治学、经济学、伦理学、法学、教育学、行政管理学等都有密切联系。因为人的行为会受到许多方面的制约，所以研究人的行为需要多学科协同进行。

行为科学理论要研究个体行为、群体行为、领导行为和组织行为。人性假设是行为科学管理理论的出发点，个体行为理论是行为科学管理理论的核心内容，群体行为理论是行为科学管理理论的重要支柱，领导行为和组织行为理论是行为科学管理理论的重要组成部分。

很多学者都为行为科学管理理论的发展作出了巨大贡献，如道格拉斯·麦格雷戈（Douglas McGregor）的 X-Y 理论、埃德加·沙因（Edgar Schein）的四种人性假设理论、亚伯拉罕·马斯洛（Abraham Maslow）的需要层次理论、弗雷德里克·赫茨伯格（Fredrick Herzberg）的双因素理论、戴维·麦克利兰（David McClelland）的成就需要理论、卡特·勒温（Kurt Lewin）的群体动力学、罗伯特·布莱克（Robert Blake）和简·莫顿（Jane Mouton）的管理方格理论等。

行为科学理论丰富和发展了管理理论体系，扩展了管理作为一门科学的研究和发展空间。把行为科学的理论与方法应用到管理过程之中是管理科学的一大进步。不仅如此，该理论的出现使管理从对物的关注转向对人的关注，改变了管理者对员工地位的看法，强调从满足人的需要、动机、人际关系等方面来引导员工，发挥他们的主观能动性，调动他们的工作积极性。这些对当时及后来的管理实践具有重要的指导意义。

三、现代管理理论

20 世纪五六十年代以后，随着现代科学技术发展的日新月异和生产社会化程度的日益提高，管理掀起了热潮。管理专家从各自不同的背景、不同的角度，运用不同的方法对当代管理问题进行了研究，相继出现了许多管理理论和新学派。美国著名管理学家孔茨等把这种现象形象地描述为"管理理论丛林"，意思是说，当时的管理理论各学派林立，像"热带丛林"。一些学者梳理了这种"管理理论丛林"现象，认为这些学派有群体行为学派、经验主义学派、社会系统学派、决策理论学派、管理科学学派、管理过程学派、权变理论学派、系统管理学派、经理角色学派、经营管理学派等。这里重点阐述决策理论学派和经验主义学派中的一些理论。

（一）决策理论学派

决策理论学派是从社会系统学派发展而来的。决策理论是以社会系统理论为基础的，后来又吸收了行为科学、系统理论、运筹学和计算机科学等学科的内容，形成了一门有关决策过程、准则、类型及方法的较完整的理论体系。其代表人物是赫伯特·西蒙（Herbert Simon）和詹姆斯·马奇（James March）。

西蒙是美国卡内基梅隆大学教授，美国经济学家、社会科学家、管理学家。由于在决策理论方面的出色研究，他于 1978 年获得了诺贝尔经济学奖，其代表作为《管理行为》《管理决策新科学》等。

马奇是美国斯坦福大学教授，于 1953 年获得耶鲁大学博士学位。他的研究覆盖管理学、社会学、政治学、教育学等领域，并在组织决策领域作出了很大的贡献，其代表作有《决策是如何产生的》等。

1.决策过程理论

第一，管理就是决策。西蒙等人认为，管理活动的全部过程（从计划、组织、检查到总结），都是决策过程，决策贯穿了整个管理过程。所以，管理过程就是决策过程，它们先分离出组织成员决策制定过程中的某些要素，再建立规范的组织程序，来选择和确定这些要素，并将要素的信息传递给组织内相关的成员。

第二，决策是一个复杂的过程。决策至少包括四个主要阶段：①情报活动，探查环境，寻找决策的条件；②设计活动，制定和分析可能采取的行动方案；③抉择活动，从可资利用的方案中选择一条特别行动方案；④审查活动，对过去的抉择进行评价。这四个阶段都含有丰富的内容，并且各个阶段有可能相互交错，因此决策是一个复杂的过程。

第三，程序化决策与非程序化决策。西蒙认为在决策中存在两种不同的决策，即程序化决策与非程序化决策。程序化决策是指反复出现和例行的决策。由于这种决策涉及的事情趋向于反复出现，人们就会制定出一套例行程序来解决它。组织中有大量的程序化决策。非程序化决策是指从未出现过的，或者其确切的性质和结构还不清楚或相当复杂的决策。处理这类问题没有"灵丹妙药"，因为这类问题以前从未发生过，或因其确切的性质和结构尚捉摸不定或很复杂，或因为其十分重要而需要用"现裁现做"的方式加以处理。随着人们认识的深化，非程序化决策会转变为程序化决策。

2.满意化与有限理性

马奇在《决策是如何产生的》一书中对满意化与有限理性进行了阐述。

决策实际是选择方案，那么选择最大化的方案，还是满意化的方案？为了解决这个问题，马奇首先界定了什么是最大化和满意化：最大化要求对所有的备选方案进行比较，从中选择最佳方案；满意化则要求按照一定的目标比较备选方案，从中选择足够好的方案。他还认为：最大化要求各个备选方案的偏好前后一致，实质上也就是要求的各个方面归结为一个单一的标准——尽管这个标准不必确切存在；满意化则为偏好的各个方面都规定了目标，并且把目标当作独立的约束条件。在满意化的情况下，如果首先寻找到了符合各个标准的足够好的组合，那么即使随后出现了更好的组合，也不会选择这个更好的组合。总之，最大化选择的是最佳备选方案，满意化选择的是优于某一标准或目标的备选方案。

按照理性决策规范解释，人们需要以较小的成本获得较大效用，都设想收益最大化，所以决策时会选择最大化的决策方案。但是，有关决策规则的行为学的研究者却观察到，决策者似乎更倾向于选择满意化而不是最大化。

人们并非不想选择最大化的决策方案，是因为人是有限理性，而非完全理性的，有限理性的特点影响了最大化的获取。完全理性是指：决策者拥有共同的基本偏好，拥有有关备选方案及其结果的全部信息；所有的备选方案及其结果都是已知的、确定的，所有与方案选择的相关偏好都是已知的、准确的、一致的、稳定的。有限理性是指：决策者的所有偏好并不是都在同一时间出现的，他们没有一组完整的、一致的偏好，相反，他们的目标看起来不完整，也不一致，而且他们并不是同时考虑所有的目标；并不是所有的备选方案都是已知的，并不是所有的结果都能够考虑到。

尽管决策者都试图作出理性决策，但他们被有限理性的认知能力和不完全信息所束缚。决策者在注意力、记忆力、理解力和沟通力方面都受到严重限制：注意力集中的时间和能力是有限的；组织和个体存储信息的能力是有限的；决策者的理解力也是有限的；决策者交流信息、共享复杂的和专业化的信息的能力也是有限的。虽然决策者在尽力克服这些条件的约束，他们有美好的愿望，也付出了巨大的努力，但是他们的行动不是完全理性的，他们是有限理性的决策者。鉴于这种情况，决策者往往不会考虑所有的备选方案，相反他们仅考虑为数不多的几个备选方案，而且不是同时研究，而是按顺序研究这几个方案。决策者不会考虑备选方案的所有结果，他们把注意力集中在某几个结果上，而忽略其他结果；他们通常不会去寻找与结果相关的信息，也不采用有些可获信息。他们要寻找一个"足够好"的行动，而不是去寻求"最佳可能"的行动。

总之，最大化假设人是完全理性的，人可以找到达成目标的所有备选方案，所以人可以选择最优化的决策方案；满意化假设人是有限理性的，人自身的能力具有有限性，当他们面对具有不确定性和复杂性的环境时，选择最优方案是极难甚至是不可能的，于是用"满意化"取代"最大化"。

（二）经验主义学派

经验主义学派又称案例学派，它是以企业的管理经验为主要研究对象，以向企业管理者提供成功经验为目标的一种管理理论学派。主要代表人物是美国的彼得·德鲁克（Peter Drucker）、欧内斯特·戴尔（Ernest Dale）、艾尔弗雷德·斯隆（Alfred Sloan）、亨利·福特（Henry Ford）和威廉·纽曼（William Newman）等。

经验主义学派认为：管理科学理论应该从管理的实际出发，把成功的管理者的经验加以概括和理论化，向企业管理者提供重要的指导；通过案例研究分析管理者的成功经验和他们解决特殊问题的方法，便可以在相仿情况下进行有效的管理。

下面以德鲁克的思想作为代表，简要介绍经验主义学派的一些重要观点。德鲁克生于维也纳，1931 年在法兰克福大学获国际法博士学位，1937 年移居美国，终身以教学、咨询和著书为业，是当代国际上最著名的管理学家之一，被称为"管理大师中的大师"。德鲁克一生有很多管理思想和经验，出版了《管理的实践》《卓有成效的管理者》等著作。这里主要介绍德鲁克有效管理者、自我控制和目标管理等思想。

1.有效管理者

德鲁克倡导实施有效管理，认为一位管理者如果不能致力于使工作卓有成效，那么现实必将迫使他一事无成。但是在现实中，有些人的管理的确无效，因为他们会遇到一些现实问题，使他们的工作难以取得成果。管理者必须面对四类非本人所能控制的现实难题：①管理者的时间往往只属于别人，不属于自己；②管理者往往被迫忙于"日常运作"；③处于组织中的管理者，只有当别人能够利用管理者的贡献时，其工作才有效；④处于组织内部的管理者，受到组织本身的局限的影响，难以认识、体验、控制外部的事情。

德鲁克认为："如果有效性只是人类的天赋，那么我们今天的文明即使尚能维持，也肯定是不堪一击的。"人们管理的有效性是后天实践的结果，是后天可以学会的。卓有成效的管理者有一个共同点，那就是他们在实践中都要经历一段训练，这一训练使他们工作起来卓有成效。要成为卓有成效的管理者，必须在思想上养成以下五个习惯：①知道时间应该用在什么地方；②重视对外界的贡献，知道别人需要管理者的什么成就；③善于利用上下级、同事和自己的长处，善于抓住有利形势做应该做的事情；④集中精力用于少数重要的、可以产生成果的领域，按照工作的轻重缓急设定优先次序；⑤善于作出有效的决策。

2.自我控制

自我控制意味着有更强烈的工作动机，想要有最好的表现，而不只是达标，因此会制定更高的绩效目标和更宏伟的愿景。

德鲁克之所以大力倡导自我控制，是因为自我控制在管理中具有很大的作用：有利于组织凝聚共同的愿景；能让个人充分发挥特长，调和个人目标和组织目标，使之达到基本统一；能让人们把追求共同福祉当作共同目标，以更严格、更精确和更有效的内部控制取代外部控制。总之，进行自我控制可以达到比目前大多数组织绩效标准还高的绩效。

3.目标管理

目标管理是以目标为导向，使组织和个体有机结合，实现高绩效的一种管理方式，这种方式的主要思想是：

第一，组织要通过目标进行管理。组织首先要制定整体目标，然后各部门根据组织的整体目标来制定自己的目标，之后组织中的所有人员都围绕目标努力工作，最终以目标的实现程度作为业绩考核标准。

第二，每一部门的管理者都必须了解组织目标，并且有自己的明确目标，明确为了达到目标需要作出什么贡献。

第三，不仅要投注大量心力对目标进行管理，还要运用特殊工具进行管理，因为人们不会自发地追求共同目标。

第四，目标管理的关键是制定目标，要把组织宗旨和使命转化成各种目标，不能只是停留在良好的愿望和漂亮的警句的基础上。目标要强调团队合作和团队成果，而不是某个人的行为和成就。制定目标时要注意：目标必须具有可操作性，必须能够转化成为组织特定的和具体的工作，必须能够成为人们工作与获得成就的基础和动机；目标必须尽可能地专注于资源和工作力度；目标必须是多种的，而不是单一的；目标必须包括组织赖以生存的所有领域的目标。

德鲁克认为，目标管理最大的好处是便于自我控制，能够以自我控制的管理方式来取代强制式的管理，能使人们对工作产生兴趣，发现工作的价值，在工作中满足自我实现的需要，同时组织目标也就实现了。目标管理使得被管理者不再因为别人的命令而是因为工作的目标去做某件事情，被管理者不再只是听命行事，而是自己决定必须这么做，也就是以自由人的身份采取行动。由于目标管理将组织的需求转变为个人的目标，因此能确保经营绩效。目标管理适用于不同部门，也适用于不同规模的所有组织。

经验主义学派认为，目标管理能把"泰勒制"和"行为科学"有机地结合起来。目标管理提出之后，不断有学者丰富、完善、发展它，使它成为一个系统的理论体系。

四、现代管理理论的新发展

20世纪80年代以后，管理领域又出现了一些新的发展趋势，出现了多种管理思想，进而形成了一些新理论，如美国日裔学者威廉·大内（William Ouchi）的Z理论、美国学者沙因的组织文化理论、美国学者迈克尔·波特（Michael Porter）的竞争战略理论、美国学者彼得·圣吉（Peter Senge）的学习型组织理论、美国学者威廉·戴明（William Deming）的质量管理理论等。由于这些管理理论的出现，人们认为又出现了一个管理理论的新发展阶段。这里主要介绍大内的Z理论、沙因的组织文化理论和戴明的质量管理理论。

（一）大内的Z理论

大内是加利福尼亚大学教授，在斯坦福大学获得企业管理硕士学位，在芝加哥大学获得博士学位。他选择了日本和美国的一些典型企业，对他们的管理模式进行了研究，并于1981年出版了《Z理论——美国企业界怎样迎接日本的挑战》，提出了一种新型管理理论，即 Z 理论。

20 世纪中后期，日本的生产率每年以较快的速度增长，而美国当时的生产率却几乎毫无增长。两国的工厂和设备在新旧程度之间已经缩小了差距，而生产率的差距仍在继续扩大。对此有很多解释，大内认为这些解释虽然都很有道理，但是没有一个让他完全满意。因为这些解释未能说明两国的企业在组织管理上的不同，他认为日本的管理方式及其背后的指导思想可能是最大原因，于是大内于 1973 年开始对日本公司的管理方式进行研究，同时把日式组织的管理模式与美式组织的管理模式进行了比较，具体见表 1-1 所示。

表 1-1　日美两国组织的管理模式对比

日式组织	美式组织
终身雇佣制	短期雇用制
缓慢的评估和升职过程	快速的评估和升职过程
非专门化的职业发展模式	专门化的职业发展模式
含蓄的控制机制	明明白白的控制机制
集体决策	个人决策
集体负责制	个人负责制
关注整体	关注局部

通过比较，大内发现，美国管理模式在每个重要方面恰恰是日本管理模式的对立面。美国应该从日本成功的经验中汲取有益的成分，而不应当单纯地进行模仿。

大内把日式组织称为 J 型组织，把美式组织称为 A 型组织。J 型组织是根据同质化的人群、稳定的社会关系和集体主义等条件而进行适当调整的结果，个人的行为紧密地啮合在一起；A 型组织是根据异质化人群、流动的社会关系和个人主义等条件自然调整的结果，人们相互之间的关系是非常脆弱的，而且很少发展出密切的关系。大内通过描述与比较日美组织的管理模式，最后提出了一个全新的概念，即 Z 型组织。他认为 Z 型组织是成功的管理模式，并阐述了这种组织的特点、成功原因及策略等，这便是 Z 理论。

大内在《Z 理论》一书中阐明了 Z 型组织的特点：

第一，倾向于终身雇佣制。成员的职业保证会使他们更加积极地关心组织利益。这是 J 型组织的特征。

第二，相对缓慢的评价和升级过程。对成员要经过较长时间的考验再作全面评价，并予以晋升，当然不会像 J 型组织那样等待 10 年之久。

第三，非专业化的经历道路。通过工作轮换制，培养适应各种工作环境的多专多能人才，这也是 J 型组织的特征。这种方法有效地产生了更多属于该组织所特有的技能，从而在设计、生产和分配过程中走向更密切的协调。

第四，寻求明确与含蓄控制的平衡。具有 A 型组织管理中的一些方式，诸如正式计划、目标管理等明确控制方法，同时也运用 J 型组织中的含蓄控制，即运用文化、价值观、信念、经验等来规定应该做的事情。

第五，集体决策与个人负责相结合。在作出重要决定时，采取集体研究与个人参与的协商制，最终取得真正一致的意见，即决策是集体作出的，但是最终要由一个人对这个决策负责。

第六，人与人之间是平等关系。员工虽然在不同的岗位上工作，但都是工作关系的自然组成部分，都是平等的，都保持相互友好、相互联系、相互关心的状态。平等主义是 Z 型组织的一个核心特点。

Z 理论认为，美国工人和日本工人几乎一样努力，美国的管理人员差不多与日本的管理人员一样都想作出优异的成绩，但更加努力工作没有提高生产力。生产率增长不能单靠更辛苦的劳动，而应该通过管理方式的改变。为了解决这一问题，Z 理论认为，需要按照有效的方式使个人的行为协同一致，并从合作和长期的观点出发，向雇员提供激励机制，鼓励他们协同自己的行为。

Z 理论的中心议题就是通过一种管理模式，让每个人的努力都彼此协调起来，从而产生最高的效率。围绕这个中心议题，大内提出了 Z 理论的信任、微妙性和密切性三个重要原则：信任是使员工之间、部门之间、上下级之间保持相互信任；微妙性是根据各个员工之间的微妙关系进行工作组合；密切性是既要在家庭、邻里、俱乐部和教堂里培育人与人之间的密切性，还要在工作单位培育这种密切性。大内认为信任、微妙性和密切性是不可缺少的，如果缺少这三点，作为具有社会人特点的人就不能够获得成功。大内不仅强调了信任、微妙性和密切性的重要性，还强调了生产率与它们之间的关系。在 Z 型文化的氛围下，组织重视的是人而不是物，即使重视产品也是通过重视那些生产产品的人来具体体现的。在 Z 型文化中，信任是核心。在适切的工作与亲密的人际关系基础上建立起来的相互信任原则，是 Z 型组织取得成功的重要保障。

大内认为组织可以改变已有的生产效率不高的状态，可以走向成功的 Z 型组织，但是这需要一个过程，从 A 型组织到 Z 型组织有十三个步骤，依次为：了解 Z 型组织和你扮演的角色；审查公司的哲学观；确定适当的管理哲学并让公司的领导参与；哲学观的实现靠的是搭建结构和提供动力；培养人际交往的能力；自己检验和系统检验；让工会参与；稳定雇佣关系；确定缓慢的评估和升职制度；拓宽职业发展的道路；做好在基层实施变革的准备；选择从哪些方面实施参与式管理；提供发展整体文化关系的机会。

（二）沙因的组织文化理论

沙因是著名社会心理学家，也是组织心理学创始人，在组织心理、组织文化、职业生涯管理等方面都作出了重要贡献。他于 1952 年获得哈佛大学社会心理学博士学位，后来在美国麻省理工学院的斯隆管理学院从事教学与研究工作，其代表作有《组织文化与领导力》和《职业动力论》等。

《组织文化与领导力》一书问世，标志着组织文化学派创立。该书比较系统地提出了组织文化的理论，并在西方的组织理论中产生了一定的影响。

沙因是从组织中领导与文化的关系来阐述组织文化的重要性的。他认为，绝大多数人都生活在组织中，因此人们总得与组织打交道。然而人们在自己的组织生活中，却一直对许多观察到的或感知到的东西感到困惑。例如：一些组织中总是存在太多的官僚主义，有些事情过于政治化；一些组织中的领导者不能了解下属的要求，常令人失望；等等。

在组织心理学和组织社会学的领域里，研究者已经发展出一系列可以用来理解组织中个人行为及组织自身构建途径的概念。然而，人们难以理解的是组织的原动力，这种原动力使得组织能够成长、变化、瓦解，而它又总是不被人们所知觉。

沙因认为，要理解组织生活，了解组织发展的原动力，就必须建立组织文化概念。沙因在《组织文化与领导力》这本书中提到的组织文化是指私营、公众、政府以及非营利组织的文化。他认为，一个群体的文化可以定义为：一个群体在解决其外部适应性问题以及内部整合问题时习得的一种共享的基本假设模式，它在解决此类问题时被证明很有效，因此对于新成员来说，在涉及此类问题时这种假设模式是一种正确的感知、思考和感受的方式。按照沙因的观点，组织文化是由一些基本假设所构成的模式。这些假设是由某个团体在探索解决对外部环境的适应和内部统合问题这一过程中所发现、创造和形成的，被认为是理所当然、行之有效的运行模式。这些模式被当作解决问题时正确的感知、思考和感觉的方式教给新员工。

沙因认为组织文化具有四个特点：一是稳定性。获得组织认同的文化的关键组织部分，将成为组织得以维系的稳定力量，而且不会轻易地被放弃。二是深度性。文化往往是一个组织中最深层次的、无意识的部分，因此它更加不可触摸、更加不被注意到。三是宽度性。文化一旦形成，便进入群体职能的所有方面，渗透并影响到组织的方方面面。四是整合性。文化将组织的各种不同要素，如惯例、气氛、价值观和行为等融合成为一个整体，并固化到更大的范围中、更深的层次上。

要对组织中的文化课题有深入的理解，就不仅要弄清楚组织中发生了什么，而且要区分出哪些对领导来说是更要紧的问题，哪些是不重要的。因为组织文化是领导培育的，领导的最有决定意义的功能就是创造一种文化。在必要时，这种创造可能是对原有文化的破坏或强化。人们在更仔细地研究组织领导和组织文化的关联时，就会发现这种关系如同钱币的两面，仅仅抓住一面是无法对整体有真正理解的。

沙因将组织文化分为三个层次：

第一层次是人造文化。这是可见的、可听的、可感觉到的现象，是文化的表层。这一层次的文化便于观察，但是很难解释。仅从人造成分推论深层次的文化假设是非常危险的。

第二层次是价值文化。这一层次反映人们信奉的理想、目标、信念、价值观等，即人们认为的"应当是什么"与"事实是什么"的区别。

第三层次是潜在文化。这一层次实际是无意识的信念和价值观，是一种理所当然的基本假设。基本假设往往是不可挑战和无须争论的，想要改变也是非常困难的。

沙因认为，任何组织的文化都可以在上述三个层次上进行研究。一个组织文化的本质在于潜在文化，但是在人造文化和价值文化层次上也可以体现出来。了解了潜在文化这一层次的文化，就可以相对容易地理解其他两个层次的文化，并可以适当处理它们之间的关系。

（三）戴明的质量管理理论

戴明生于美国艾奥瓦州，是著名的统计学家、质量管理专家，其代表作是《走出危机》。他因对世界质量管理作出卓越贡献而享誉全球。20世纪50年代，他应邀到日本讲学并对日本的质量管理进行指导，帮助日本企业界奠定良好的质量基础。

戴明认为质量来自管理，质量不好的重要原因是管理没有做好，因此要实施质量管理。提高质量不是一时的事情，而是长久的事情，质量管理要贯穿整个生产与服务的始终。戴明关于质量管理有很多独特的思想与方法，下面主要介绍两点。

1.质量管理的14要点

戴明的重要贡献之一是提出了质量管理的14要点。他认为，要想确保产品和服务的质量，就要符合以下14要点：

第一，树立改进产品和服务的长久使命。

第二，强化管理责任，接受新的理念，直面未来挑战。

第三，通过生产确保质量，而不是依赖检查提高质量。

第四，废除"价低者得"的做法，着眼于服务与产品的质量。

第五，持续不断地改进生产和服务系统。

第六，做好人员培训工作。

第七，领导者要设法使人和物发挥更大的作用。

第八，消除使人不能安全、有效工作的恐惧。

第九，打破部门之间的壁垒。

第十，取消要求零缺陷和达到生产率新水平的口号、标语和数字目标。

第十一，取消工作标准及数字定额，代之以领导力。

第十二，消除人们获得自豪感的障碍。

第十三，开展强有力的教育和自我提高活动。

第十四，让人们都参与到组织的转型中来。

2.PDSA 循环

戴明赞成革新，他认为通过革新能够让人们享受工作乐趣，带给人们一种良好的环境，提高产品和服务质量。为此必须持续不断地、系统地学习，他提出了进行革新的 PDSA 循环学习过程流程，PDSA 即计划（plan）、执行（do）、研究（study）、行动（act）。

第一步，计划：人们头脑里有了变革与创新的想法，要把这种想法变成现实就要设计革新的计划，这是整个循环的初始步。

第二步，执行：落实革新计划，开始测试、比较、实验，最好是采取小规模的方式进行。

第三步，研究：研究革新结果与计划的期望是否相符，如果不相符，则要思考问题出在哪一步，是否需要回到起点重新再来，或者应该完善哪一步。

第四步，行动：经过上述几步后，要判断是完善前几步，还是放弃已有的革新，或者在不同环境或条件下再重复一次。

第二章 教育管理体制探索

第一节 教育办学体制

学校是现代教育的主体之一。由谁办学、如何办学、办学主体在办学过程中享有什么权利和需要履行什么义务等问题，是教育办学主体需要探讨的基本问题，也是教育管理体制改革需要研究的基本问题。

一、教育办学体制的含义

教育办学体制是指在遵守国家法律法规规定的原则下举办各级各类学校的组织制度。不同的社会主体举办的学校及其他教育机构构成整个国家的教育体系。办学体制规范了举办学校应当符合哪些基本要求，哪些社会主体可以举办学校，哪些行政部门具有审查、批准举办学校的权限等。办学体制作为一项规范举办学校的行为规则，规范着举办学校的基本条件、对办学主体的基本要求以及审批权限等方面的基本制度。

（一）举办学校的基本标准

《中华人民共和国教育法》第二十七条规定，设立学校及其他教育机构，必须具备四个基本条件：有组织机构和章程；有合格的教师；有符合规定标准的教学场所及设施、设备等；有必备的办学资金和稳定的经费来源。这些规定意味着，满足了上述基本条件的社会单位和公民个人都有权利向教育主管部门申请举办学校。

（二）学校的举办主体

《中华人民共和国宪法》第十九条规定："国家举办各种学校，普及初等义务教育，发展中等教育、职业教育和高等教育，并且发展学前教育。""国家鼓励集体经济组织、国家企业事业组织和其他社会力量依照法律规定举办各种教育事业。"

《中华人民共和国教育法》第二十六条规定："国家制定教育发展规划，并举办学校及其他教育机构。国家鼓励企业事业组织、社会团体、其他社会组织及公民个人依法举办学校及其他教育机构。"

国家举办的学校及其他教育机构在整个教育体系中占据主导地位，国家办学主要表现为各级人民政府及其有关部门使用国家教育经费举办学校。对社会力量自筹资金举办学校的行为，国家在用地、税收、基本建设计划安排以及办学的审批与经费等方面给予必要和适当的帮助。对于社会力量举办的民办学校，根据《中华人民共和国民办教育促进法》的相关规定，国家实行"积极鼓励、大力支持、正确引导、依法管理的方针"。同时，民办教育事业是我国社会主义教育事业的组成部分，各级人民政府应当将民办教育事业纳入国民经济和社会发展规划，实现民办教育与公办教育的共同发展。民办学校与公办学校具有同等的法律地位，国家保障民办学校的办学自主权。

二、我国现行办学体制

（一）多元化办学体制

新中国成立以来，随着政治和经济体制的发展，办学体制不断发生变迁。从 20 世纪 80 年代初至今，经过多年的发展，我国逐渐改变了政府包揽办学的格局，逐步建立起以政府办学为主、社会各界共同办学的体制，不同阶段的教育形成不同的办学体制，呈现出多元发展的特征。

1.义务教育阶段的办学体制

2001 年国务院颁布的《国务院关于基础教育改革与发展的决定》提出："义务教育坚持以政府办学为主，社会力量办学为补充。"从学校数量来说，截至 2020 年年底，我国共有：普通小学 15.80 万所，其中民办普通小学 6 187 所，占小学总数的 3.9%；初中 5.28 万所，其中民办初中 6 041 所，占初中总数的 11.4%。这些数据表明，义务教育阶段的中小学实行的是以政府办学为主、以社会力量办学为辅的体制。

2.高中教育阶段的办学体制

《国务院关于基础教育改革与发展的决定》提出："普通高中教育在继续发展公办学校的同时，积极鼓励社会力量办学。"从数量上看，高中阶段民办学校所占的比例高于义务教育阶段的比例。目前，高中教育属于非义务教育，在这一教育阶段充分调动社会力量办学的积极性，形成公办学校和民办学校多种办学形式共同发展的格局，对有效利用社会资源、增加教育供给发挥了重要作用。

3.高等教育阶段的办学体制

截至 2020 年年底，全国共有普通高校 2 738 所，其中民办普通高校 771 所，占总数的 28.2%。改革开放以来，高等教育逐步形成了以中央、省（自治区、直辖市）两级政府办学为主、社会各界参与办学的格局。其中，教育部举办与主管部署院校，地方政府举办省属院校，另外一些中心城市也举办一些专科和本科阶段的地方性质高等院校。高等教育的办学体制中心逐渐下移，地方政府是最主要的办学主体。在办学主体多元化方面，高等教育也已打破政府包揽、条块分割的单一办学模式，形成了以政府办学为主、社会力量广泛参与的体制。

4.职业教育和成人教育的办学体制

职业教育和成人教育实行在政府统筹管理之下，依靠行业组织、企业、事业单位办学和社会各方面联合办学。《中华人民共和国职业教育法》第九条规定："国家发挥企业的重要办学主体作用，推动企业深度参与职业教育，鼓励企业举办高质量职业教育。有关行业主管部门、工会和中华职业教育社等群团组织、行业组织、企业、事业单位等应当依法履行实施职业教育的义务，参与、支持或者开展职业教育。"

（二）我国现行办学体制的特点

我国办学体制在计划经济时代已形成基本框架，经过多年的改革，在改变政府包揽教育、理顺政校关系方面已取得重大成就。实践证明，推进办学体制的改革，对于优化配置教育资源、提高教育资源的利用效率和教育的社会效益、解决教育资源相对短缺以及扩大教育资源的多样化供给等方面都发挥着重要作用。目前，我国现行的办学体制有以下两个特点：

1.办学体制开放且多元

在相关政策、法律的规范下，社会团体和公民个人依法举办学校受到法律的保护，办学体制开放且日益多元化。这种开放与多元主要体现在以下三个方面：

一是办学主体多元化。政府包揽办学的体制被打破，目前办学的主体包括地方政府、公民个人、社会组织和团体等，形成了多种力量参与的办学体制。与此同时，国家鼓励引进外国优质教育资源的中外合作办学，鼓励在高等教育、职业教育领域开展中外合作办学，鼓励中国高等教育机构与外国知名的高等教育机构合作办学，这拓展了多元主体办学的含义。

二是办学经费来源逐渐多元化。目前，我国已形成中央人民政府财政拨款、各级地方政府财政拨款、社会力量出资办学等多种经费投入渠道。社会力量投入教育，对于丰富办学资金的来源渠道、缓解政府教育投入不足的问题，发挥着重要的作用。

三是办学模式多样化。当前我国的办学模式主要有国有民办、民办公助、股份合作等多种形式。实践表明，办学模式的多样化对于提高办学体制的整体活力、实现国有资产保值增值等意义重大。对于非政府办学，国家已通过颁布法律法规的形式，采取了"积极鼓励、大力支持、正确引导、依法管理"的方针进行规范，促进了办学体制多元化，提高了现有教育体制的活力。

2.办学权力重心适当下移

当前我国已基本改变政府包揽办学的格局，逐步建立了以政府办学为主体、社会各界共同办学的体制。基础教育的办学体制是以地方政府办学为主；高等教育逐步形成了以中央、省（自治区、直辖市）两级政府办学为主、社会各界参与办学的新格局；职业教育和成人教育主要依靠行业组织、企业、事业单位办学和社会各方面联合办学，在中等及中等以下教育阶段，由地方政府在中央大政方针的指导下，实行统筹和管理。国家颁发基本学制、课程设置和课程标准、学校人员编制标准、教师资格和教职工基本工资标准等，省、自治区、直辖市政府有权确定本地区的学制、年度招生规模，确定教学计划，选用教材和审定省编教材，确定教师职务限额和工资水平等。省级以下各级政府的权限，由各省、自治区、直辖市政府确定。办学体制的权力重心下放到了省级政府，基础教育实行"省级统筹、以县办学"为主的体制。办学体制权力重心的下移对激发地方政府举办教育的积极性、促进教育与地方经济体制协调发展具有重要意义。

三、国外办学体制改革及其启示

目前，世界主要发达国家的办学体制是在 20 世纪 80 年代以市场化为主要趋势的世界性教育改革影响下形成的。办学体制和办学模式的改革是这次教育改革的核心内容，其主要特点是办学主体的多元化、办学形式的多样化和公立学校的私营化。在公立学校私营化趋势下产生了一系列的新型办学模式，这些新型办学模式的出现为我国的办学体制改革提供了参考。

（一）国外办学体制改革

1.美国的新型学校

（1）磁石学校

磁石学校又称特色学校，即"有吸引力的学校"。磁石学校办学特点鲜明，针对儿童的特殊兴趣爱好，开设富有特色的课程。学生可以学习读、写、算等基本技能，也可以学习音乐、戏剧、电脑、法律及视觉艺术等；学校类型多样，如高智天才学校、外语学校、科技学校、艺术学校等。磁石学校没有学区和入学条件的限制，学生可以自愿申请入学，由电脑编班入学。1996 年对美国 12 个大城市学区的调查结果表明，磁石学校的学生在各学科如数学、自然、写作等方面的成绩明显高于其他公立学校的学生。

（2）家庭学校

家庭学校指适龄子女在家学习的一种学校模式。具备条件的家长可以向政府提出申请，通过一定的审批程序，其子女可以留在家中学习。这些条件包括：家长必须拥有高中或相当于高中的学历；授课时间每年不少于 180 天，有各种教学记录；传授的课程至少应包括国家核心课程；参加州一级的考试；等等。家庭学校教学、自学的途径和方式多种多样，美国各州为推动家庭学校各出其招。有美国教育界人士认为，政府有责任为家庭学校建立一套接受必要教育的保证体系，使学生无论在学科知识、动手能力还是在心理素质等方面都能全面发展。

（3）契约学校

契约学校是指民间私人公司和地方学区签约经营的学校。20 世纪 90 年代，为回应教育私有化思潮，各种民间私人教育组织纷纷成立，这些公司与美国政府公立学校签约，根据合同承包校内特殊的服务项目，公立学校的这些服务项目在人员培训、人事管理、设备提供等方面单独所需的经费通常按合同由私营公司承担，这并不占用学校原有的公共教育经费。契约学校在减轻政府财政负担、提供高质量的服务、使学校管理更加科学化和制度化等方面做了一些有益尝试，对提高公立学校办学效率有所帮助。

（4）特许学校

特许学校是指由公立教育经费支持，由教师团体、社区组织、企业集团或教师个人申请开办并管理，在一定程度上独立于学区领导和管理的一种新型公立学校。特许学校在享受相当大的自主权的同时，也承担着相应的责任，办学者必须提出明确的办学目标，并与当地的教育管理部门签订合约，一旦不能完成合约要求，政府就有权终止合同。

美国政府支持、鼓励特许学校发展的主要目的在于进一步推动公立学校改革，使美国的各类学校真正形成一种相互竞争的氛围，给予广大家长为其子女选择合适公立学校的权利。那些创办特许学校的办学群体则是为了实现在传统的公立学校内不可实现的教育理念，并把其体现在学校的使命中。

2.英国直接拨款公立学校

英国直接拨款公立学校是一种自治机构，它们独立经办学校，独立承担学校在招生、处置学校所有的合法财产、签订教职员雇佣合同等方面的责任；其办学经费由英国政府下拨，而不再由地方教育管理部门负责；其学校董事会必须包括 5 名家长董事、至少 1 名但不超过 2 名的教师董事、作为当然董事的校长以及若干名高级董事，从而加强了家长在学校董事会的权力和影响。

3.德国卡塞尔改革学校

德国的卡塞尔改革学校是于 1988 年在卡塞尔市成立的完全实验学校。该学校的经费与人员编制均来自德国政府的保障，而学校的内部管理，如学校规范、制度（学校内的年级制度）等的制定皆由学校自主负责，其学校内部所有的改革计划与方案也皆来自学校内部的教师，或是校长的理念。德国卡塞尔改革学校申请入学的方式是以自由学区的方式接受学生的自愿申请，但学校拥有拒绝学生的权力。学校成立的目的在于强调儿童成长、生活与学习空间的结合，尊重个性与群性的发展，并倡导多元化的个人发展，以完成以学生为中心的全人教育。

4.澳大利亚办学主体的多元化

澳大利亚的公立学校由各州政府投资创建，不得向学生收取任何费用，教育质量一般赶不上私立学校；私立学校大多由宗教组织或一些社会团体开办，除办学机构投资外，联邦政府给予一定的资助，还可以向学生收取学费。2000年以来，澳大利亚的私立学校越来越火爆，它们的办学条件优越，教师待遇高，校方十分在意自己的地位和声誉，教师尽心尽力，教学质量较高，备受中产及中产以上家庭的青睐。

（二）国外办学体制改革对我国办学体制改革的启示

1.积极推进办学模式的多元化

公办民营是当前美国改革办学模式的主要措施，也是世界教育改革的趋势之一，学校模式多元化才能推动竞争，提高公立学校的教学效率和办学质量。近几年来，我国民间办学有所发展，但从形式和内容上离人民群众的实际需求还有一定的差距，鼓励民间参与办学、采用公办民营方式不但可以改善公立学校的办学条件，减轻政府负担，节省开支，更可以提高学校的竞争力，提高办学成效。

2.给予学校更自主的发展空间

无论是磁石学校还是特许学校，教育行政机构都对其充分授权，给予学校独立自主的空间，推行由下至上的各种改革。转变僵化的教育管理观念，给予学校更自主的发展空间，让学校在课程设置、人事、经费、资源配置等方面有足够的自主权，更有利于调动学校的办学积极性。

3.注重绩效

绩效是学校生存发展的生命线。在竞争日益激烈、办学模式更加多样的今天，只有那些富有特色、成效显著的学校才能生存并得以持续发展。学校在获得相当程度自主权的同时，必须对学校的办学质量和学生的学业成绩负责。为了对绩效负责，学校要明确办学宗旨，建立符合实际的监控机制和办学标准，定期向政府和群众汇报办学情况，自觉接受监督。

4.重视教育消费者权益

在教育日益走向民主化的今天，重视教育消费者的需求非常重要，让教育消费者拥有更多的自主权，最大限度地满足其对教育类型、特色、设施的选择将是今后学校改革的重点，教育消费者有权要求学校提供高质量的教育，也有权选择受教育的方式。

5.积极优化学校发展的外部环境

办学体制改革同时受到政府和市场的双重制约。学校的办学活动既受到教育行政部门的约束，又受到教育市场充分竞争的激励。只有完善外部环境，学校才能规范办学，产生良好的办学效益。

四、我国办学体制的发展方向

我国现行办学体制在办学主体和办学模式多样化等方面取得了一些成就，但还不能完全满足经济社会发展和市场体制转变的现实需求，依然需要进一步深化改革。办学体制改革与发展的动力，来自两个方面：一是社会经济体制改革对教育体制变革提出的要求，即进一步多元化、赋予地方更大的自主权；二是教育自身改革与发展的需要。教育改革的最终目标是提供数量充足、质量优异的教育服务，这就需要充分发挥政府的公共服务功能。但是现代公共管理研究表明，政府承担的责任是无限的，但预算与资源稀缺的约束决定了政府的公共服务供给能力不是无限的。弥补政府在教育公共服务方面供给不足的根本出路就是深化办学体制改革。

（一）进一步明确政府举办教育的主要职责

教育的改革与发展离不开政府的支持。进行办学体制改革，首先要明确政府举办教育的主要职责，坚持教育的公益性这一基本原则。随着经济的发展和综合国力的增强，我国未来将逐步把幼儿教育、学前教育以及高中教育的普及提上日程。但是，无论是否将这三类教育纳入义务教育体系，从这三类教育的社会公益属性上看，政府都应当承担重要的办学职责。通过办学体制改革，要健全政府主导、社会参与、办学主体多元、办学形式多样、充满生机活力的办学体制，形成以政府办学为主、全社会积极参与、公办教育和民办教育共同发展的教育格局，并进一步激发教育活力，满足人民群众多层次、多样化的教育需求。

（二）继续推动办学体制的多元化发展

公办学校的办学体制还需进一步发展，即通过立法手段和财政手段，积极鼓励支持行业组织、企业及公民个人等社会力量参与公办学校办学，如通过联合办学、学校委托管理等形式，拓展优质教育资源，增强办学活力，提高办学效益。例如，在非义务教育阶段，通过完善税收、土地等方面的优惠政策，鼓励公办教育和民办教育的公平竞争，鼓励社会力量兴办教育，改进非义务教育阶段教育公共服务的提供方式。民办教育是教育事业发展的重要增长点和促进教育改革的重要力量，各级政府要把发展民办教育作为工作的重点之一，鼓励社会力量以独立举办、共同举办等多种形式兴办教育。政府要通过财政、行政等方面的措施，清理并纠正社会对民办学校的各类歧视，依法落实民办学校、学生、教师与公办学校、学生、教师平等的法律地位，支持民办学校提高教育质量、办出特色，为各级各类学校创设公平竞争、共同发展的环境。

（三）进行政校分开，管办分离

目前，我国已经初步形成了办学体制多元化的格局，但有一些问题始终没有得到解决：①办学主体与管理主体合一，学校举办者和学校管理者的权限和职责划分不明确，导致学校微观管理的活力不足；②"管办不分"还导致政府在对公办学校和民办学校管理的过程中出现不能一视同仁的现象，教育资源、管理措施向公办学校倾斜。对于公办学校的办学体制改革，未来需要着力解决"政校不分"的问题，落实学校办学自主权，而政府管理学校的方式由直接的干预转变为运用立法、拨款、规划、提供信息服务、制定标准等行政手段进行宏观的指导和监督，从制度上为政府行政职能与学校微观管理职能的分离提供保障。对于民办教育，要切实建立民办学校的法人治理结构，将举办者和学校管理者（校长）的身份和职责分离，避免举办主体、出资人随意干预学校内部管理的现象发生。无论是公办学校还是民办学校，都存在一个所有权与经营权分离的问题。这就需要明确举办主体和学校管理主体之间的关系，通过探索符合学校教育特点的管理制度和配套政策，建设政府和出资人依法办学、学校自主管理、教职工民主监督、社会各界参与的现代学校制度。

第二节 教育投资体制

在教育领域，随着社会主义市场经济体制的确立，公共教育服务的供给方式发生了深刻的改变，已经从单一的政府提供公共教育服务的格局转变为政府和市场共同提供公共教育服务的格局，这为教育投资体制的变革提供了制度保障。

一、教育投资体制的含义

教育投资体制是确定教育投资的来源渠道、教育经费的筹措及其负担主体、教育投资在各级各类学校的配置及经费管理和使用的制度规范。教育投资体制是整个国家投资体制的一个组成部分，也是整个国家教育体制的一个有机组成部分，其形成与发展受到国家的经济体制、财政体制和教育体制，以及经济社会发展水平的制约。

二、我国现行的教育投资体制

新中国成立以来，为了适应经济和行政体制的要求以及社会发展的需要，我国教育投资体制不断改革，已经建立起了以财政拨款为主、多渠道筹措教育经费的筹资体制，教育成本分担机制，以及教育经费监测评估体系等。通过《中华人民共和国教育法》《中华人民共和国义务教育法》《中国教育改革和发展纲要》《国务院关于基础教育改革与发展的决定》等一系列法律、规章、制度的出台，我国的教育投资体制步入法制化的轨道，在规范投资主体、建立多元化的投资拨款方式等方面进行了卓有成效的改革。

（一）以财政拨款为主、多渠道筹措教育经费的筹资体制

《中国教育改革和发展纲要》提出，在国家财政拨款之外，其他教育经费筹措渠道主要包括征收用于教育的税费、收取非义务教育阶段学生学杂费、校办产业收入、社会捐资集资和设立教育基金等多种渠道。《中华人民共和国教育法》第五十四条规定，"国家建立以财政拨款为主、其他多种渠道筹措教育经费为辅的体制"；第五十六条规定，"各级人民政府教育财政拨款的增长应当高于财政经常性收入的增长，并使按在校学生人数平均的教育费用逐步增长，保证教师工资和学生人均公用经费逐步增长。"在规定政府教育投入责任的同时，我国从 20 世纪 80 年代开始征收教育费附加，并广泛拓展教育经费投入渠道，形成了社会捐资集资、成立教育基金、教育贷款（助学贷款）等其他多元化的教育经费筹措方式。

在中央政府和地方政府教育经费投入的分担机制方面，我国明确了中央和地方的投入责任，实行中央与地方分担、以地方财政为主的制度。自 1985 年教育管理体制改革以来，基础教育经费主要由地方负担和筹集，中央只给予少量专项补助并给予一定的统筹规划。高等教育经费根据学校隶属关系，分别由中央和地方财政负担。此举体现了教育预算管理中的事权与财权的统一，明确了中央与地方的权利和义务，有助于增加地方对教育的投入。

在教育经费保障机制的建立方面，目前我国实行政府教育经费支出在国家预算中单列的制度。《中华人民共和国教育法》第五十六条规定："各级人民

政府的教育经费支出，按照事权和财权相统一的原则，在财政预算中单独列项。"单独列项制度的建立具有重大的实践意义，对于教育经费政策的有效执行发挥着重要的作用。目前，这一制度在全国范围内实施并取得了很好的效果。

我国现行教育投资体制明确了政府教育经费投入的义务，同时建立了投资主体多元化、投资形式多样化的格局。一方面明确了国家财政的主渠道作用，保证了财政性教育经费和财政用于教育的拨款伴随经济发展而稳定增长，在一定程度上缓解了教育经费短缺的压力；另一方面也释放了社会投入教育的积极性和潜力，增加了教育经费供给，为教育投入的稳定和可持续增长奠定了基础。

（二）教育成本分担机制

一般而言，在义务教育阶段，教育的公益属性更强，世界各国都实行免除学费和杂费、全部由政府承担教育经费投入的体制。义务教育既规定了政府投入的义务，同时也意味着适龄儿童、少年的监护人有送子女接受教育的义务。非义务教育阶段（主要包括高中阶段和大学阶段）的公益属性弱于义务教育阶段，接受教育的收益更多地具有一种个人属性，世界各国一般在此阶段实行教育成本分担制度。

1999 年 6 月 13 日，中共中央国务院颁布《关于深化教育改革全面推进素质教育的决定》，该决定指出："在非义务教育阶段，要适当增加学费在培养成本中的比例，逐步建立符合社会主义市场经济体制以及政府公共财政体制的财政教育拨款政策和成本分担机制。"目前，非义务教育阶段的教育投入已经基本形成政府财政拨款、学生家庭缴纳学费、学校校办产业创收、社会各界捐资助学以及建立贷学金等的成本分担机制。

应当指出，非义务教育阶段建立成本分担机制不是为了要在高中和大学教育阶段弱化政府责任，而是为了更加科学合理地在义务教育阶段和非义务教育阶段配置政府财政性教育经费，实现教育经费的政府投入与非政府投入、教育经费在各级教育中投入比例的合理化。实践证明，实行非义务教育阶段的成本分担机制对正确引导全社会范围内的教育消费、保障教育事业的可持续发展等具有重要的作用。

（三）教育经费监测评估体系

是否建立一套科学的教育经费投入信息收集与评价机制，定期对全国范围内的教育经费投入总量、经费增长幅度、预算内教育经费所占的财政支出比例和国家财政性经费占国内生产总值的比例进行监测和评估，是一个国家教育投入体制是否完善的重要标志。1993 年发布的《中国教育改革和发展纲要》规定，要提高各级政府财政支出中教育经费所占的比例，并给出了具体指标。要对政府投入是否到位、社会力量投入情况如何、居民教育负担轻重等问题进行科学的衡量，就必须建立起科学的教育经费监测评估体系。1994 年 7 月 3 日公布的《国务院关于〈中国教育改革和发展纲要〉的实施意见》提出："加强对各级政府教育投入水平的监控。从 1994 年开始，国家教委会同国家统计局对全国和各省、自治区、直辖市教育经费执行情况予以公布，加强社会监控。各级政府应定期向同级人民代表大会专题报告教育预算执行情况，接受监督考核。"自此，我国开始在全国范围内建立教育经费年度需求计划编制制度和教育经费执行情况统计制度。这两项制度的建立对教育经费投入和分配机制的透明化发挥了重要作用。自教育经费投入监测制度建立以来，每年教育部、国家统计局和财政部都通过互联网等渠道联合发布全国教育经费执行情况统计公告，公告的主要内容包括全国教育经费情况、一般公共预算教育经费情况、国家财政性教育经费占国内生产总值比例情况，同时公布各省（自治区、直辖市）的相关情况。经过多年的发展，我国的教育经费监测评估体系已经基本建立起来。对全国范围内的教育经费执行情况进行定期通报，并向全国人大和中央人民政府报告各地方的教育经费投入情况，对于监督各级政府是否履行教育经费投入的法定义务、建立教育经费投入的问责制度、促进教育经费投入的社会监督、保障教育的优先发展都发挥了重要的作用。

三、西方国家的教育投资体制

从教育投资体制上看，各国大都实行分级管理。作为基础教育的重要组成部分的义务教育，多由地方政府主管，其公共投资则由各级政府共同负担，在一些国家中央或较高层次的地方政府甚至负有更大的投资责任。

进入 21 世纪，主要发达国家普遍重视教育投入体制改革。它们的现代公共财政立足于教育机会均等的理念，既要消除公共教育中的新老矛盾，又要遵循终身学习思想推进现行教育财政体制改革，其改革还要维持教育财政的地方自治、中立性与独立性、自主性与专业性、民主性与公开性等。进行改革的目的是使国家教育事业发展从无序到有序、从专制统管到民族自治、从分道双轨制到平等单轨制、从精英教育到大众教育、从重视宗教思想精神影响到注重经世济民（或经济）战略目标，这些根本性变革都与教育财政体制改革密切相关。

尽管各国教育财政体制改革的形式多样，但主要目标是相同的：一是追求教育平等；二是全国各地教育事业要均衡发展，并且教育质量要不断提高；三是为实现国家发展战略均分公共教育资源，但须引进市场竞争机制以达到公正、有效、优化的目标。推进教育财政体制改革是当今主要发达国家的共同特点，但是在具体的政策措施方面，各国却各具特色或者各有侧重点。纵观发达国家教育投入的发展历程及其趋势，值得我国借鉴的有：

第一，在各国政府对教育的公共财政投入中，基础教育是重中之重。尤其是在义务教育阶段，费用主要由公共财政承担，义务教育实行真正意义上的免费教育。

第二，教育投入，尤其是公共财政投入部分，有切实可行的政策、法规保证。在发达国家中，法律是保证教育投入的重要手段，教育投入立法往往会成为新一轮教育发展的契机所在。除立法之外，所立法律的实施（具有可操作性的细则）更为重要，发达国家的经验表明，在民主政治、司法独立等体制的配合下，教育投入的政策、法规可成为切实可行的保证教育投入的重要手段。

第三，随着经济社会发展，基础教育尤其是义务教育的公共财政投入主体有从基层政府向省级甚至中央政府转移的趋势。因为经济发展总会带来一定的贫富差距，从而可能产生社会公平问题。同时，经济发展需要更大地域内的人力资源素质的提高和人力资源的无障碍流动与整合。

第四，在教育投入中，如何兼顾公平和效率是一个核心问题。从效率而言，国民教育起到提高个人收入和推进社会发展的作用。但从公平而言，教育是社会稳定的重要平衡器。从教育发达国家的经验看，通常在教育规模快速扩张阶段，国家和社会更加重视教育发展的效率，而在规模扩张到一定程度之后，公平将成为教育政策的首要价值追求。所以，要在教育发展的不同阶段制定相应的政策。

四、我国教育投资体制改革的方向和着力点

（一）我国教育投资体制改革的方向

顺应经济体制和经济结构改革的要求与满足社会发展和人民群众对教育的需求是教育投资体制改革的两大内在动力和必须遵循的基本改革逻辑。中国教育投资体制改革正是在努力兼顾这两大目标的探索中前行的，既反映了教育投资体制改革与整个国家社会、政治、经济改革的高度契合性，同时每一阶段的改革又都体现着鲜明的中国特色。经济改革和社会发展并重、效率与公平兼顾，是教育投资体制改革的必然选择。

借鉴我国社会主义现代化建设独有的并联式发展模式，笔者认为构建社会主义现代化建设所需要的教育体系也必然要走上"并联式叠加发展"的道路。这种"并联式叠加发展"要求建立一个能够使教育体系中各子体系相互联系、相对独立、有机发展的"并联回路"，从而使各子体系在整个回路中实现叠加式发展。由于整个教育体系的发展，无论是教育结构体系还是教育服务体系，从教育经济学的角度来看，归根结底都是教育资源和要素的优化整合过程，因此，能够把教育体系中各个子体系有机联系起来的"并联回路"，就是现代化的教育投资体制。这种新型的教育投资体制必然能够促进现代化教育体系的完善，满足社会主义现代化建设的需要。

（二）我国教育投资体制改革的着力点

并联式发展必须要有并联式创新，应当牢牢把统筹协调创新、模式创新、制度创新和技术创新贯穿于整个教育投资体制的构建之中。具体来说，构建社

会主义现代化建设所需要的教育投资体制的着力点主要有以下六个方面：

第一，明确边界是前提。教育投资体制包括以政府为主导的公共教育财政体系和以市场为主导的全社会教育资源配置体系。所谓明确边界，就是要明确政府与市场的边界，即政府的职能边界和市场的作用边界。从目前情况来看，政府在协调体制内和体制外两类资源基础不同的办学体制方面还存在一些问题，因此明确边界是构建教育投资体制所必须面对和解决的问题。

第二，确定标准是基础。所谓构建社会主义现代化建设所需的教育体系，其实质就是如何培养社会主义现代化建设所需要的现代化人才。因此，人才培养体系的构建和完善成为整个教育体系的核心，一切的教育改革均要围绕此项核心工作，教育投资体制的改革当然也是如此。确定一个有机、合理、科学的各级各类人才培养标准，既是教育资源合理配置的依据和基础，也是教育现代化建设的必然要求。

第三，加强协同是关键。笔者认为，在构建社会主义现代化建设所需的新型教育投资体制的过程中，不断提升区域的连接性以及各级各类教育政策的协同效率，是促进全国教育高质量发展的关键环节。

第四，完善治理是核心。能否尽快构建起社会主义现代化建设所需的新型的教育投资体制，关键在于能否构建社会主义教育公共治理体系。这既有赖于以政府为主导的各类教育主体治理能力的提升，也有赖于技术的进步和创新。例如，将区块链技术引入教育领域，以区块链思维来创新我国现有的教育治理体系和结构，这是一项值得尝试的有利于优化以多主体平等参与为基础的教育投资体制的创新举措。

第五，借鉴国际经验是必需。学习和借鉴发达国家在现代化建设过程中教育投资体制改革的相关经验，能为我国不断完善以政府为主导的公共教育财政体系和以市场为主导的全社会教育资源配置体系提供重要依据。

第六，以必要增量投入促进存量释放是目标。当前乃至今后相当一段时间内，教育投资体制的改革一定是教育领域供给侧结构性改革的重点领域。因此，有必要创新驱动内生活力，以改革促发展，以存量激活和释放来取代过去一味增加投入的资源配置方式。

第三节 教育行政体制

教育行政体制是国家教育管理体制的核心部分，教育行政体制的类型和结构直接影响着办学体制、投资体制，还影响着政府和学校的关系以及学校办学自主权的实现。

一、教育行政体制的含义

教育行政是国家依据一定的法律制度规范，通过各级政府及其教育行政主管部门对教育事业进行的领导和管理，包括：贯彻教育方针、政策；拟定各级各类学校及教育行政机构的规章制度；制定教育规划；审核教育经费；任用教育行政人员和各级学校的教师；等等。教育行政的主体是国家各级行政机构，其本质是国家政权对教育事业进行领导和控制，体现了国家的教育权。教育行政体制是各级教育行政的组织系统及其运作规范的总称,包括两方面:体制的机构层面主要涉及各级教育行政机构如何设立;规范层面主要涉及各级教育行政部门之间的隶属关系、任务分工和职权划分。

二、教育行政体制类型

教育行政体制类型指国家以什么方式来管理和干预教育活动,即教育行政组织的基本形态。一个国家采取什么样的教育行政体制,与其政治、经济、历史文化等的形态有着密不可分的关系,不同社会性质和经济发展水平的国家便形成了各具特色的教育行政体制。根据不同的标准、不同的维度,可把各国的教育行政体制分为不同类型,这有助于人们从不同的角度了解各国教育行政体制的特点。

(一)从中央和地方的教育行政权力分配关系的角度

从这一角度可将教育行政体制划分为中央集权制、地方分权制和中央与地方合作制三种类型。国家通过法规和制度规定了各级政府的教育行政部门的不同教育管理职能和权限。

1.中央集权制

中央集权的教育行政体制由中央政府统一领导全国的教育事业,教育管理权集中于中央政府的教育职能部门。课程设置、教师人事管理、督学、考试等方面的行政权力都集中于中央政府,全国有较为统一的课程标准、人事制度和考试体系,地方政府和教育行政部门没有或很少有自主权,地方发展教育措施的制定和实施都必须以中央制定的法令和指示为准。同时,中央政府通过教育督导、评估等方式监督各级各类学校和地方政府的教育行为。

在教育行政体制上采取中央集权制的典型代表是法国。法国的中央教育行政机关即国民教育部拥有很大的权力，决定国家教育方面的一切重大问题，包括制定教育法律、颁布规章制度、确立课程标准、发行教材、确认教师资格、投入教育经费等都由国民教育部集中负责。

中央集权制的优点：通过制定统一的教育方针政策、法律法规，统筹规划全国教育事业发展的规模和速度，促进各级各类教育的协调发展；通过制定统一的教育质量标准、考试评价制度等途径，考查和控制全国的教育质量和办学水平，大面积提高教育质量，有利于教育改革经验的全面推广；中央政府的教育调控能力较强，通过中央政府的财政转移支付和其他扶持措施，促进各区域教育的均衡发展，保障教育公平。

中央集权制的弊端：教育行政权力过于集中，行政系统灵活性差，体制僵硬；容易脱离地方实际，不利于因地制宜办教育和照顾地方差异；用单一的标准和程序来管理全国教育事业，导致各地区、各学校的教育缺乏特色；地方办学自主权过小，不利于调动地方举办教育事业的积极性和主动性；行政层级过多，管理费用高；教育决策的风险大，一旦中央政府决策失误，就会给全国教育事业发展带来消极影响。

2.地方分权制

地方分权制指国家的教育事业为地方的公共事业，地方自主权居于主要地位，中央政府虽然也设有全国性的教育部，但是居于辅助、支持性的地位。教育行政权力划分给地方政府，地方教育行政机关在其管辖的范围内，具有相对独立的教育行政权力，包括课程设置、教材出版、教师人事管理、学校设立、教育督导等工作都由地方政府及其教育行政部门承担，中央政府及其教育行政机关主要发挥指导、服务、监督和辅助的作用。

在教育行政体制上实行地方分权制的典型代表是美国。美国宪法中没有专门的条款规定教育管理的机构及其职能。美国一直到 1867 年才设立教育部，它的职责与现在的教育部有很大的差异，只限于在全国范围内收集和整理有关学校机构、管理、体制和教学方面的信息，然后将所得信息和成果提供给政府机构和公众，以便进一步推动国家教育事业的发展。1980 年，美国的联邦教育部才升格为内阁一级，其主要职能是就残疾人教育、扫盲教育、教育贷款以及科技教育等地方政府和学区不能单独完成的教育问题进行协调和统筹。联邦教育部的职能是服务性的，处于指导和资助的地位。可见，美国的联邦教育部对国家教育不具有领导权力，国家的一切教育事务的裁决与处理均由地方教育行政机构进行。在此体制下，国家的教育行政权力完全归属于地方政府。

地方分权制的优点：可增强体制的灵活性，克服权力过于集中而导致的管理惰性，提高效率；教育管理权力分散，可以因地制宜地发展教育和开展教育实践与改革，使教育适应各地的特殊需要；有利于地方政府制定相关的政策促使教育与本地经济社会协调发展，可以充分发挥地方的积极性和主动性，扩大教育管理权分配的民主性；将教育管理权力下放给地方政府，有利于筹集教育经费，降低中央的财政压力；可使各地进行教育竞争，促进教育的发展；教育行政权力归地方，便于教育的就地管理，克服教育行政系统过于庞大而导致的官僚化问题，提高教育行政的有效性。

地方分权制的缺点：各地教育发展的基础条件不同，各地经济发展不平衡，则教育的投入能力不同，易出现教育发展的地区差异；地方政府若对教育的认识和重视程度存在差异，则易导致教育发展不平衡；由于教育行政权力分散，政令不统一，全国缺乏统一的规划和要求，教育目标和标准难以统一，易导致教育质量参差不齐。

3.中央与地方合作制

中央与地方合作制既不是典型的中央集权制，也不是典型的地方分权制，而是介于二者之间的一种教育行政体制，试图取二者的优点而规避其缺点，是中央和地方政府相互配合、共同领导和管理教育事业的教育行政体制。教育行政权力在中央政府和地方政府之间依照一定的法律法规进行划分，明确中央政府在全国范围内统筹领导教育事业的职责，但同时在课程设置、考试评价、人事管理等方面赋予地方政府以自主权，形成中央和地方共治教育的局面。

在教育行政体制上实行中央与地方合作制的典型代表是英国和日本。英国重视中央和地方教育行政机关的沟通和协调，中央和地方的权限由国会立法确定。英国最高教育行政机构对地方教育行政机构行使监督指挥权，与地方教育行政机构以一种协调合作的关系，通过沟通的方式共同管理教育事业，并保持平衡状态。日本的教育行政体制经过一系列的改革才得以确立，第二次世界大战以前日本采取中央集权制，第二次世界大战后初期效仿美国采用地方分权制，但最终因不符合国情而不得不进行改革。日本的中央教育部门即文部科学省的重要职责是在文教政策上进行调研、分析以及政策立案等；地方教委依据法律，根据地方需要，拟定具体计划并付诸实施。在此种体制下，中央注重指导和监督，地方注重执行和创新。

在中央和地方合作制的教育行政体制下，教育方针、政策、法令全国统一，办学形式、具体实施情况则多种多样；教育的最低标准全国统一，达标的方法则可因地制宜，根据各地具体情况而定。实行这种体制的目的就是将中央集权制和地方分权制适当结合，扬长避短，最大化地提高教育行政管理的效率。

（二）从最高决策者的人数的角度

以教育行政组织中法定最高决策者的人数为标准，教育行政体制可以划分为首长负责制与合议制。

1.首长负责制

首长负责制也可称为一长制。国家行政机关和企事业单位的领导人被赋予行使职责的广泛权力，包括最高决策权，同时对单位的工作结果全面负责。1918年3月，列宁首先提出了在企事业单位实行首长负责制，并于20世纪20年代在苏联全面推广。在教育行政体制上，首长负责制的决策权由最高行政首长执行，各级教育行政部门领导者接收上级教育行政部门的任务，对上级负责并汇报工作，同时全权指挥下级教育行政部门的工作，并答复和处理下级教育行政部门的工作请示。

首长负责制的优点：教育行政权力集中于一人，责任明确，行动迅速，效率较高；教育行政领导者的高瞻远瞩和科学决策可以为教育事业的发展指明方向。

首长负责制的缺点：将所有的教育行政决策权都集中于一人，实际上是将教育行政和教育事业的发展方向与领导者个人绑定。在通常情况下，一个人的知识能力毕竟有限，考虑问题欠周密，易出现失误。责任集中于一人，负担过重，处理问题易粗糙、顾此失彼。一个人独揽行政大权，若人选不当，则易走向专断独裁、滥用权力的极端。因此，在世界各国的教育行政体制中，一般都不会实行完全意义上的首长负责制，因为这种体制容易存在"人存政举、人亡政息"的弊病。

2.合议制

合议制又称委员会制，即教育行政组织法定的最高行政决策权由两位以上行政长官组成的集体承担的体制，任何重大问题、事项均需经过集体协商才能做出决定。教育行政组织的决策权及管理权是由委员会成员共同行使的，委员会的决策，通常会按协商达成一致的原则或者多元决策的原则来进行。

合议制的优点：教育行政的最终决策是由两位以上地位平等的委员组成的委员会做出的，教育行政组织的最高决策权属于全体委员，一切均由委员会按照"少数服从多数"的原则，集体讨论决定，集中多数人的智慧，考虑问题全面，能够减少决策失误的风险；决策权分散于各个领导者之间，教育行政领导者分工合作，各当一面，能够分散决策压力；权力适当分散，委员会成员之间相互制衡，可以避免产生专权、滥权现象。

合议制的缺点：一切事务都要经集体讨论才可决定，行动缓慢，效率不高；若意见难以统一，易出现议而不决的现象；责任分裂，易出现互相推诿、无人负责的现象。

根据这两种体制本身的特点，一般来说，凡是行政的、执行的、事务性的工作，采用首长负责制易得到较好的效果；凡是立法的、决策的、讨论的、调节的工作，采用合议制效果较好。教育行政管理既有立法的、决策的工作，也有行政的、事务性的工作，因此世界各国多采用两者结合的教育行政体制，以扬长避短，达到较好的管理效果。

（三）从一般行政与教育行政关系的角度

从一般行政与教育行政关系的角度，教育行政体制可分为完整制与分离制。

1.完整制

教育行政从属于国家的普通行政体系，教育行政部门必须接受同级政府的领导与指挥，即完整制，又称从属制。教育行政领导由同级政府委派与任用，教育经费来自各级政府财政，同时政府设立教育督导部门对教育事业进行监督和评估。完整制本着分工协作的原则，使教育行政机构与政府机构联成一个整体，以达到协调一致的目的。采用这种教育行政体制的典型国家主要是英国。英国地方议会作为地方自治体的最高机关，兼具地方行政当局和地方教育当局的角色，具有本地区教育行政管理的权力并履行相应义务，下设教育委员会处理具体的教育行政事务。在这种体制下，各级教育行政机构是政府的一个部门，教育人事管理、教育财政等都接受政府的领导与控制，同时下级教育行政部门还要接受上级教育行政部门的领导与监督。

完整制的主要优点：教育行政部门在政府的领导下执行教育管理权力，有利于政府的统一管理与加强教育行政的权威性和强制性；教育行政部门与其他政府部门平行设立，有利于政府统筹规划，协调教育事业的发展与经济、财政以及其他政府部门的关系，促进教育与经济社会协调发展。

完整制的主要缺点：由于教育事业具有周期长、见效慢的特点，政府容易忽视教育在国家发展中的重要作用，不重视教育事业的发展；教育行政部门是主要依赖政府财政投入的部门，容易被看成纯消费部门，相比其他政府部门又往往处于弱势地位，导致经费投入往往不能满足教育发展的需要；由于政府领导任期的限制，容易违背教育见效周期长的规律，忽视教育的特殊性，追求教育的短期效果。

2.分离制

在此种体制下，教育行政独立于普通行政，教育行政的人事管理、经费投入和监督评估等方面的事务与政府普通行政分离，教育经费预算独立编制，地方教育行政机构不受地方政府的直接指挥，教育行政部门的行政区域划分与地方政府行政区域划分并不一定重合。如美国的学区是地方教育行政单位，学区教育委员会独立于地方的一般行政机构之外，可独立编制教育预算、征收教育税、制定和执行地方教育政策和规章制度。再如，法国的大学区等地方教育行政机关，只接受中央教育行政机构国民教育部的垂直领导，与地方的一般行政机构没有隶属关系。

分离制的主要优点：教育行政独立，职权明确，能够有效避免政治干扰，效率高；避免一般行政对教育特殊性的忽视，在教育行政过程中按教育规律办事；在有关教育的决策上，即使政府行政管理出现了某种失误，对教育事业的发展也不会产生很大的不良影响；能够有效依据地方实际情况为教育事业的发展提供充足的人力和物力资源。

分离制的主要缺点：教育部门与行政部门脱节，地方政府不能很好地调配和安排，不利于调动地方政府办教育的积极性；地方政府对教育的统筹力度下降，不利于使其适应地方经济和社会的发展需要；不利于教育行政部门与政府其他行政部门的协调配合。

通过以上的分类阐述可以看出，每个国家的教育行政体制都有其特点。教育行政体制的构建、改革与发展必须考虑政治、经济和历史文化等多种因素，在此基础上构建符合国情的教育行政体制，以促进教育事业的健康发展。

三、我国现行的教育行政体制

我国教育行政体制的建立与发展受到国家政治体制、行政管理体制和历史文化传统等多种因素的制约。《中华人民共和国宪法》规定："中华人民共和国是工人阶级领导的、以工农联盟为基础的人民民主专政的社会主义国家。""中华人民共和国的国家机构实行民主集中制的原则。""中央和地方的国家机构职权的划分，遵循在中央的统一领导下，充分发挥地方的主动性、积极性的原则。"我国的政治行政体制坚持三个基本原则，即党领导行政管理的原则、民主集中制的原则和人民群众参政议政的原则。在教育行政体制上，坚持党对教育行政领导的根本原则；在教育行政的运行机制上，实行国家教育行政部门统一领导下的分级管理。

（一）党对教育行政的领导

《中华人民共和国教育法》第三条规定："国家坚持中国共产党的领导，坚持以马克思列宁主义、毛泽东思想、邓小平理论、'三个代表'重要思想、科学发展观、习近平新时代中国特色社会主义思想为指导，遵循宪法确定的基本原则，发展社会主义的教育事业。"党对教育行政的领导是社会主义国家教育管理体制的基本特征，也从根本上保证了教育行政代表人民利益。党并不直接行使教育行政组织的基本职能，而主要是进行政治路线、政策的制定以及重大人事的领导，保证全国的教育工作能够按照国家的教育方针和政策沿着正确的方向进行。在这种体制下，各级教育行政机关都受其相应的党委领导，在党的领导与监督下完成自己对各类教育事务的管理。

（二）统一领导下的分级管理

从中央和地方的教育行政权力分配关系上看，我国的教育行政体制属于中央集权制；从一般行政与教育行政的关系上看，我国的教育行政体制属于完整制。党和国家通过制定教育大政方针，颁布教育法律法规，统筹管理全国范围内的教育经费、人事制度、课程设置和各级各类学校的招生考试工作等，从宏观上统一领导我国教育事业的改革与发展。统一领导下的分级管理主要包括以下内容：

1.统一领导的体制

统一领导的体制体现在教育行政内容和组织机构设置两方面。在教育行政内容方面，国家负责制定有关基础教育的法规、方针、政策及总体发展规划、基本学制、课程标准、经费标准、教师人事管理的整体制度及其岗位设置标准，各级教育行政部门具体贯彻执行。在组织机构设置方面，为加强对科技、教育工作的宏观指导和对科技重大事项的协调，实施科教兴国战略，推进科技、教育体制改革，提高我国科技、教育水平，促进经济与社会事业的发展，中央一级设立教育部，统筹规划、协调管理全国的教育事业，地方省、市分别设立教育厅、教育局等专门的教育行政组织，在教育部和地方政府的双重领导下具体负责本行政区域内的教育工作。地方教育行政部门的各项工作举措不能违背上级教育行政部门和同级政府的各项规章制度，并接受同级政府和上级教育行政部门的指导与评价。

2.分级管理的体制

《中华人民共和国教育法》第十四条规定："国务院和地方各级人民政府根据分级管理、分工负责的原则，领导和管理教育工作。中等及中等以下教育在国务院领导下，由地方人民政府管理。高等教育由国务院和省、自治区、直辖市人民政府管理。"

我国教育行政体制实行的是中央统一领导下的分级管理体制，是以中央集权为基础，中央教育行政与地方教育行政相结合的体制。从教育行政组织上讲，中央人民政府设立教育部，地方在省、市、县、乡镇分设教育厅、局、科、室（组）等各级专门的教育行政组织。上述组织均受中央统一领导。从教育行政内容上讲，教育方针、政策、宏观规划等均由中央人民政府制定，由各级教育行政组织具体贯彻执行。分级管理是指对全国教育事业实行中央、地方（包括省、市、县、乡）两级管理，地方教育行政组织之间也存在上下级关系。

四、我国教育行政体制改革趋势

我国的教育行政体制改革的一个基本问题是解决中央和地方的关系，目前已基本形成中央统一领导、地方分级管理的体制。这一体制的运行机制还有待完善，面临的主要问题包括如何转换政府管理教育的职能、中央和地方政府的职权如何划分、如何深入推进教育行政体制改革等。未来我国教育行政体制的改革将是一项整体改革，主要呈现出以下发展趋势：

（一）深入转变政府教育行政职能

政府职能是指政府的基本任务及其行为方向，在基础层面上，包括阶级统治职能、社会管理职能和社会服务职能。所谓转变职能，主要是指这些职能结构的重心所发生的变化和方向转移。当前，我国的教育行政体制改革首先要解决的是管理重心的转移，由着重对教育的微观管理逐步转向通过法律、规划、课程标准、经费投入等手段对教育事业进行宏观管理和间接调控，改变政府直接管理学校的单一模式，即更多地综合应用立法、拨款、规划、提供信息服务等措施，减少不必要的行政干预，从根本上改变政府的教育行政职能，构建公共服务型的教育行政。

（二）完善统一领导、分级管理体制

要想完善统一领导、分级管理体制，就要理顺、规范中央和地方职权关系，下放权力，健全宏观调控机制。从新中国成立以来的教育行政体制发展的情况看，统一领导、分级管理的体制基本上是适合我国教育事业发展的要求的，也符合我国国情复杂和区域发展不平衡的特点。因此，未来的改革趋势是坚持和完善这一体制，进一步厘清中央人民政府和地方各级人民政府之间教育管理的权限和职能范围。中央人民政府统一领导和管理国家教育事业，制定发展规划、方针政策和基本标准，优化学科专业、类型、层次结构和区域布局，整体部署教育改革试验，统筹区域协调发展。地方政府负责落实国家方针政策，开展教育改革试验，根据职责分工负责区域内教育改革、发展和稳定。

（三）推进教育行政法制化进程

从我国教育改革的历程来看，教育改革史其实也是一部教育法制史，教育立法在几次教育改革的关键过程中都起到了重要的保障作用。《中华人民共和国义务教育法》的颁布实施使整个国民素质得到了快速提高。教育行政体制改革的基本目标是实现依法治教。这就需要完善教育法制体系，当前我国的教育法制体系还不完备，未来仍需要依据法定程序健全教育法制体系。在完善教育

法律体系的同时，还要依法规定政府的职权范围，完善教育行政的社会监督机制和公众参与制度，提高政府依法行政的意识和水平，构建适应法治社会需要的教育行政体制。

第四节　学校内部管理体制

学校内部管理体制是指学校组织机构的设置及其职责权限划分的体系和制度安排，主要包括领导、教学、德育、人事等方面的管理规范及实施机制。学校内部管理体制的完善是保障学校良性发展与提高办学效能的前提。本节主要探讨校长负责制、教师聘任制、岗位绩效工资制等。

一、中小学校长负责制

（一）校长负责制的含义

我国公办中小学实行校长负责制的领导体制。校长负责制指在上级教育行政部门领导下，校长全面负责学校的日常教育教学和科研活动，校长对外代表学校，是学校的法人代表，对内部各项工作具有决策权、指挥权、人事权和财务权。具体包括：学校在校长的领导下承担贯彻国家的教育方针，执行国家教育教学标准，保证教育教学质量，维护受教育者、教师及其他职工的合法权益；学校在校长的领导下依照办学章程自主管理，组织实施教育教学活动，招生并对学生进行学籍管理、实施奖励或处分，对学生的学业成绩进行评定并颁发相应的学业证书，聘任学校教职工并实施奖惩，管理、使用本校的设施和经费；学校在校长的领导下根据国家法律法规的规定，组织以教师为主的教职工代表大会、党支部等多种民主管理形式，充分发挥教职工的工作积极性，使全体教职工民主参与学校的管理，对学校工作进行监督，真正成为学校的主人。

（二）我国的中小学校长负责制

依据我国教育法律法规的规定，我国的中小学校长负责制主要包括校长全面负责、党组织保证监督和教职工民主参与管理三个方面。

1.校长全面负责

校长对学校的管理承担全面责任。校长是学校的法人代表，根据相关的规定行使职权，履行职责，并对外代表学校。学校的教学和内部行政管理工作，由校长负责。具体来说，校长对学校工作全面负责所行使的权力主要包括决策指挥权、干部任免权、教职工奖惩权和学校财经权等。

决策指挥权指在国家各项教育法律法规的范围内，校长有权对学校开展的教学工作、思想道德教育工作和日常管理工作进行决策和统一指挥。干部任免权指在听取教职工意见并经党组织考察的基础上，校长可以提名任免学校的副校长、教学主任、教导主任等学校中层干部，并报上级教育行政部门备案批准。教职工奖惩权指校长可以根据教育法规、政策以及学校各项规章制度，并听取党组织和工会的意见，依据工作成效对教职工进行奖惩。学校财经权指校长根据国家财经法规，可以合理支配与使用学校经费、设施及其他财产。当然，校长负责制不是校长独裁制，校长在行使上述四方面权力的过程中必须听取教职工的意见和建议，发挥党组织的监督保证作用，实行教职工民主参与管理。校长负责制还意味着，在行使上述权力的同时，校长也要承担相应的决策失误、管理不当的责任，实现权力和责任的对等。

2.党组织保证监督

在校长全面负责学校工作的同时，党组织在学校的政治核心地位依然不能忽视，应在校长的领导下充分发挥党组织对学校各项工作的监督和保障作用，从而确保学校全面贯彻党和国家的各项方针政策。一般而言，党组织的保证监督主要包括以下几方面的工作：

一是按照党章规定的职责和国家有关教育工作的法律法规精神，认真参与学校的重大问题包括学校发展规划、学校工作计划、学校改革方案、师资队伍建设、内部管理制度等的决策，在参与决策的过程中要保证上级部门的工作要求得到真正的贯彻落实，保证决策的科学性和可行性，还要考虑教职工和学生的可接受程度，保证教职工和学生的利益不受损害。一旦形成决策，党组织就应支持配合行政的工作，发挥自身的优势，发动党团员和群众努力工作，保证决策的最终落实。

二是加强对学校教育教学工作的监督和保障，保障党和国家的教育方针、政策得以落实，保障学校的社会主义办学方向，通过组织教职工开展政治学习、党团组织生活、党团课、社会实践活动等，提高广大教职工的思想认识，确保党的各项路线方针政策在学校的贯彻落实。

三是对学校领导干部的管理行为进行监督，在学校干部的任免、教职工奖惩以及学校经费的使用方面发挥党组织的监督和保障作用，防止校长滥用权力，畅通言路，加强交流和沟通，在学校中营造宽松和谐的工作氛围。

四是加强党的知识分子工作，加强对民主党派的联系和协调工作，从而促使学校的办学行为不断规范，完成上级党委的各项工作要求。

五是在党组织的保障和监督下，加强工会、教职工代表大会的作用，实现学校的民主管理和民主监督。

3.教职工民主参与管理

《中华人民共和国教师法》明确提出教师有权"对学校教育教学、管理工作和教育行政部门的工作提出意见和建议，通过教职工代表大会或者其他形式，参与学校的民主管理"。教职工代表大会是学校教职工参与学校管理、行使自己民主权利的基本途径和主要方式。学校教职工代表大会在校党委领导下，在校行政和广大教职工的支持下，紧密围绕学校的中心任务开展工作，行使听取讨论、审议通过、讨论决定、民主评议等四方面的职权。

具体内容如下：听取讨论、民主评议学校校务公开情况，包括学校发展规划和年度目标任务；审议通过、讨论决定学校重大决策事项，包括学校的建设、改革、发展、教学和人事调动方面的重大决策；民主评议领导干部和干部任免有关事项，包括制定民主评议标准、评议程序，发布评议结果，参与制定干部任用条件、任免程序，发布任免结果等事项；监督学校领导干部廉洁自律情况，包括经济收入、大额差旅开支等需要公开的情况；审议监督学校财务收支情况，包括学校收费情况、大宗物品采购情况、基建项目情况、集体资产经营公开情况等；审议、讨论、决定教职工福利分配情况，包括课时津贴、岗位津贴、职务津贴以及福利分配依据和方案，监督教师职称评聘及工资晋升情况等。学校党政领导班子应确实保证教职工代表大会制度的有效运转，促进教职工的民主管理，加深他们对学校各项工作的认识，从而增强教职工的凝聚力。

（三）国外中小学校长负责制

校长负责制是现阶段中小学管理采取的主要模式。目前，世界各国基本都采取这种模式来管理中小学，但是在校长负责制实施的过程中，不同的国家有不同的侧重点，采取的模式也不尽相同。比较典型的有美国的三级管理下的校长负责制、英国董事会领导下的校长负责制，以及俄罗斯、日本各具特色的校长负责制。

1.美国的中学校长负责制

在美国，中等学校实行的是校长负责制，中等学校内部的管理是三级管理。中等学校校长是最高一级，是通过学区公开招聘选拔、任免的，除了要具备一般教师资格，还要取得教育行政与管理方面的学分。副校长或助理校长以及行政助理或指导员是中间层次。副校长或助理校长分管学校的课程教学与学生工作；行政助理或指导员则负责对学生的指导与管理。一般还设立一名执行秘书来协助校长完成工作。学系或学科教研室是学校的基层，学系是分科而设的教学管理单位，教研室是由同一学科专业教师组成的教学管理组织。

2.英国的中小学校长负责制

英国的中小学在管理上实行学校董事会领导下的校长负责制。董事会的成员包括：校长、教师代表、家长代表、社区管理人员代表、地方教育当局的代表以及由董事会指派的代表等。学校董事会以提高学校的教育质量和绩效作为首要管理目标，是学校的决策机构、法人代表，其具体职责主要包括决策、课程的安排与教学管理、与教师及其他教育辅助人员签订雇佣合同、学生管理、与家长的沟通和协作、学校教学条件的改善、学校资源的开发和利用、学校经费的预算和支出等。

中小学校长是学校董事会的当然成员，也是学校日常事务运作的指挥者和组织者。作为学校的最高行政人员，校长肩负着艰巨的责任与使命，因而其选拔条件是十分严格的。

3.俄罗斯的中小学校长负责制

苏联实行校长负责制，俄罗斯继承了这一制度。校长由学校集体选举产生，也可以由学校委员会聘任，还可以由创办人任命。校长既是校务委员会的主席，也是学校的最高执行长官。由于俄罗斯明确学校独立的办学实体的法人地位，校长还是学校的法人代表，负责组织学校的日常教育教学活动和对外交流。

如今，俄罗斯秉承学校自治和民主管理内部事务的办学原则。学校贯彻执行国家教育政策和教育标准，并向上级机关负责，在教学活动、人事、经济、社会服务、国际交流合作等方面享有自主权。学生、家长、教师以及社会各界人士都可通过多方组成的学校委员会参与学校管理。

4.日本的中小学校长负责制

日本学校实行校长负责制，学校的教职工成员包括校长、教头、教谕、养护教谕等。校长主要负责贯彻学校教育法，并且负责校务工作；教头协助校长掌握教务和儿童教育，并且在校长缺席的时候代理校长的职责；教谕负责掌管学生的教育；养护教谕负责学生的健康管理。

（四）国外中小学校长负责制对我国校长负责制改革的启示

第一，重视校长权力的合法性来源，建立清晰的权力结构。西方大多数国家中小学校长的产生分为两个步骤：第一步，公开聘任或民主选举；第二步，由政府或教育行政部门任命。校长的权力首先来源于公众赋予和竞聘者自身的专业权，然后是政府确认，重视在学校管理中形成横向平行型的权力结构。

第二，健全校长权力运行机制。校长一人掌握了学校的人事、教学和财务等各项权力，由于制约校长权力的民主监督机制还不完善，容易产生校长专权专断、党组织的监督保障作用降低、教代会的民主权利萎缩等问题。西方国家中小学校长权力运行依赖其制衡机制——首长负责制与委员会制相配合，注重学校内部权力的分散和参与，多元利益和权力主体互相制衡，家长、教师、学生、社区、社会知名人士等以合法身份参与学校管理，校长权力结构趋于合理，使校长权力处于多方面利益主体的制衡中。

第三，完善中小学校长管理制度。实行校长任期制，加快推行中小学校长职级制改革，拓宽职业发展空间，促进校长队伍专业化建设；出台专门法律来规范学校基层党组织、教职工代表大会、教师工会等机构与校长负责制的关系，在保障校长负责制的前提下有效约束和监督学校管理。

二、教师聘任制

（一）教师聘任制的含义

20 世纪 80 年代中期，我国开始对教师人事管理制度进行改革。

改革开放以来，我国教师人事制度改革与发展的一个重要成果就是，国家以法律形式确定了聘任制为中小学教师人事管理的基本制度。教师聘任制是聘用双方在平等自愿的基础上，用人学校或教育行政部门根据教育教学的需要设置工作岗位，聘请具有教师资格的公民担任相应教师职务的一项重要的人事管理制度。我国的教师聘任制主要由新教师的聘任制度和在岗教师的岗位聘任制度构成。

（二）教师聘任制的特点

目前，教师聘任制主要具有以下特点：

1.聘用关系平等

在聘任制下，教师与学校之间是一种平等的劳动人事关系，教师有择岗的自由，学校也有依据聘任合同聘任和解聘教师的权利。任何一方都没有权力将自身的意志强加给对方，教师和学校签订聘任协议的意愿也不受其他因素的干涉。教师聘用关系的建立基于学校和教师两个主体的自愿原则。

2.实行聘任合同制

教师与学校在平等、自愿、公平的基础上，签订聘任合同，在合同中明确教师的权利与义务，同时也规定学校的权利与义务。聘任合同受法律保护，一旦订立合同，任何一方如果违约，就将承担相应的法律责任。

3.限定聘期

教师聘任合同具有明确的聘任期限。根据《中华人民共和国劳动合同法》的规定，教师与学校的劳动合同分为固定期限劳动合同、无固定期限劳动合同和以完成一定工作任务为期限的劳动合同等三种。在聘期结束时，教师可以根据自己的意愿决定是否接着与学校续约，学校也可以根据教师的工作成效决定是否续聘，这对提高教师的工作积极性、促进教师的合理流动具有重要作用。

4.遵循平等竞争和双向选择原则

教师聘任制遵循平等竞争和双向选择的原则，教师凭实力竞争上岗，用人单位按需设岗、严格考核、择优聘任，形成能上能下、优胜劣汰的竞争机制。

5.聘用过程社会化、公开化

与聘任制相配套，国家建立了教师资格制度。任何满足条件的公民都可以通过考试获得教师资格证，从而进入教师人才市场。学校可以面向社会招聘教师，而教师个人也不再固定为某一用人单位所有。在聘用过程中，学校要公布招聘信息，并进行公开考试或面试，保障教师入职、合同签订的公开性和透明化，以保障教师聘任的公平公正。

教师聘任制强调学校和教师之间的平等自愿和相互选择，打破教师终身任用制，并在营造教师工作竞争氛围的基础上调动教师的工作积极性，激发教师的工作责任感。教师聘任制度打破了教师人事管理中长期存在的岗位职务终身制，优化了教师队伍的结构，提高了教师队伍素质。竞争机制的引入改善了人浮于事的状况，提高了教育质量，扩大了学校的办学自主权，激发了学校各项工作的活力。

（三）教师聘任制的主要内容

根据《中华人民共和国劳动合同法》的规定，教师劳动人事关系建立或解除的主要内容包括劳动合同的订立、履行和变更、解除和终止等。在一个完整的教师聘任制系统中，科学合理的岗位设置是聘任制的基础和前提，公开招聘、择优聘任是教师聘任制管理模式的核心环节，全面、公正的考核是教师聘任制实施的有效保障，按劳分配是教师聘任制健康运行的动力源泉。

1.科学设置岗位

要实行教师聘任制，就要加强编制管理，规范学校等机构科学设置岗位。学校要遵循满足教育发展的基本需要、与经济发展水平和财政承受能力相适应、力求精简和高效、因地制宜等原则，根据所在的教育层次和地域、学校教育教学工作任务、学生数和班额、教职工工作量，合理确定教职工的编制总量和结构。国家规定，普通高中每班可配备教师3.0人；普通初中每班可配备教

师 2.7 人；城市小学和县镇小学每班可配备教师 1.8 人。学校应根据国家关于
教师编制管理的有关规定，根据学校类别、规模和任务，严格控制学校领导职
位数，合理设置学校内部机构，做到机构精简、职责分明、管理高效。普通中
学和完全小学规模在 12 个班以下的，配备校级领导 1~2 人；13~23 个班的，
配备校级领导 2~3 人；24~36 个班的，配备校级领导 3 人。普通中学和完全小
学规模在 36 个班以上，可酌情增加校级领导 1~2 人。农村初级小学（1~3 年
级）或分校、教学点指定 1 名教师负责学校工作。学校应该通过分析学校规模
和教育发展的实际需要，在核定的编制数和教师职务结构比例内科学设置教
育、科研和管理岗位，明确岗位职责；严格编制管理，通过定编工作，清理超
编人员，使占用学校编制的各类"在编不在岗"人员限期与学校脱离关系，避
免超编聘用人员，造成学校结构臃肿。

2.规定任职资格

我国已建立教师资格证书制度。担任不同类型、不同层次的学校的教师，
需要满足基本的任职资格。《中华人民共和国教师法》第十一条明确规定了取
得教师资格应当具备的相应学历：取得幼儿园教师资格，应当具备幼儿师范学
校毕业及其以上学历；取得小学教师资格，应当具备中等师范学校毕业及其以
上学历；取得初级中学教师、初级职业学校文化、专业课教师资格，应当具备
高等师范专科学校或者其他大学专科毕业及其以上学历；取得高级中学教师资
格和中等专业学校、技工学校、职业高中文化课、专业课教师资格，应当具备
高等师范院校本科或者其他大学本科毕业及其以上学历；取得中等专业学校、
技工学校和职业高中学生实习指导教师资格应当具备的学历，由国务院教育行
政部门规定；取得高等学校教师资格，应当具备研究生或者大学本科毕业学历；

取得成人教育教师资格，应当按照成人教育的层次、类别，分别具备高等、中等学校毕业及其以上学历。不具备上述规定的教师资格学历的公民，申请获取教师资格，必须通过国家教师资格考试。学校应该在《中华人民共和国教师法》规定的基础上，从本校教学、科研任务的实际情况和工作特点出发，通过学校工作岗位分析和任务描述，制定岗位职责说明书，提出岗位承担者需要具备哪些方面的学科教学能力、教育与心理学科的理论知识和其他能力素质才能胜任该项工作，为招聘教师提供依据和标准。

3.公开招聘，择优聘任

在定编定岗，明确了教师的任职资格后，学校通过发布招聘信息，面向社会招聘教师。为了保证教师招聘过程的公平、公开，学校需要建立由领导班子和校外专家参加的学校人事招聘委员会，具体负责教师招聘工作。

应聘教师主要有四个来源：本校聘任合同期满且本人愿意接着担任该校教师的教师；持有教师资格证书的师范类或非师范类院校毕业生，这是应聘者的主要构成部分；在其他学校任职的教师由于任职已满不再续聘或者合同未到期而解除聘约及其他原因，到某个学校应聘教师岗位；其他学校的在职教师或其他行业的从业者应聘兼职类的教师岗位。这些应聘者会根据学校岗位设置和任职条件向学校投简历。

学校负责招聘的人事机构或人事委员会根据应聘者的专业、能力及其与所需要人员素质的适合程度来筛选简历，并通知简历合格者于某个时间到学校来参加笔试或者面试。学校人事招聘委员会根据应聘者的能力和临场表现进行评分，择优录用。学校会与被录用的应聘者签订劳动合同。教师聘任制的劳动合同应当具备以下条款：用人单位的名称、住所和法定代表人或者主要负责人；

劳动者的姓名、住址和居民身份证或者其他有效身份证件号码；劳动合同期限；工作内容和工作地点；工作时间和休息休假；劳动报酬；社会保险；劳动保护、劳动条件和职业危害防护；法律、法规规定应当纳入劳动合同的其他事项。此外，教师劳动聘用合同中还可以包括用人单位与劳动者约定的试用期、培训、保守秘密、补充保险和福利待遇等其他事项。

4.教师任用管理

教师入职后，对于教师的任用管理主要包括试用、绩效考核、薪酬和培训等。试用期主要是针对新教师而设立的管理制度，主要是看新教师能否胜任教学工作，试用合格即转为正式录用。

在教师工作过程中，学校会依据劳动合同所规定的教师职责如学科教学工作、班主任工作、科研工作的成效进行考核与评价。考核的方法有检查备课情况、进班听课、评价教学成果、对科研成果进行评审等。考核方式有教师自评、学生评价、同事评价、家长评价等。教师考核的趋势是由重视量化指标转向全面考查教师工作过程，由片面注重升学率和成绩转向通过对学生的综合素质评价来考核教师工作绩效。教师考核的结果与教师的薪酬、晋升、续聘、解聘等挂钩。以聘用合同和岗位职责为依据，建立适合教师岗位的科学、专业的考核评价指标体系，既是评价教师工作成效的手段，也是促进教师专业化发展的重要途径。

对教师进行在岗培训是教师职后教育的重要内容。学校通过外请专家或派教师进入高等院校学习的方式对教师进行培训，培训内容与教师本职工作密切结合，教师可以通过教育学、心理学、学科教学、班主任工作、教科研工作等方面的学习，不断提高自身的专业化水平。不少学校还将教师是否参加过相应级别或某类内容的培训作为职称晋升、薪酬提高的依据。

5.建立合理的薪酬制度

在教师聘用过程中，教师的薪酬包括两部分：国家规定的基本工资和教师的绩效工资。教师工资总额由教师岗位特点、教师工作成效等因素决定。学校收入分配根据"效率优先，兼顾公平"的原则，实行按岗位定酬、按任务定酬、按业绩定酬的分配方法，将校长、教师的收入与岗位职责、工作业绩、实际贡献等挂钩，避免按资排辈、平均主义的现象出现，建立注重工作实绩、重视教师贡献的良性薪酬激励制度。学校薪酬管理的最终目的是提高教师工作的吸引力，使合格教师和优秀教师继续在学校任教。教师收入要合理地拉开差距，使得教师工资薪酬水平能够反映教师的工作成效和对学校的贡献；设定的教师工资薪酬水平也要考虑到学校教育的复杂性。但是如果差距拉开过大，就会影响到教师工作的积极性，因此在效率优先的基础上，学校收入分配还要兼顾公平。

6.教师聘用的争议处理

从形式上看，教师聘任制不但包括签订合同聘用和续聘，还包括解聘和辞聘以及聘用合同终止等多种形式。解聘主要指学校因某种原因不再继续聘任教师，双方解除聘任合同关系。解聘的原因包括教师不胜任或在工作中有违反职业道德或者违法乱纪行为等。聘用合同具有法律效力，学校在解除教师的聘用合同时，应有正当理由，否则应承担相应的法律责任。辞聘主要是指教师由于某种原因主动要求与学校解除聘用合同关系的行为。教师不能随意在聘期内提出辞聘，如果没有正当理由，则教师在辞聘时需要承担相应的法律责任。在教师聘用合同期满或者双方同意的情况下，可以终止教师聘用合同。如果教师或学校对教师聘用合同签订、教师任用过程管理、薪酬待遇、解聘、续聘等存在争议，那么依据《中华人民共和国劳动法》，劳动争议发生后，当事人可以向本单位劳动争议调解委员会申请调解，调解不成，当事人一方要求仲裁的，可以向劳动争议仲裁委员会申请仲裁。当事人一方也可以直接向劳动争议仲裁委员会申请仲裁，对仲裁裁决不服的，可以向人民法院提起诉讼。

可见，在教师聘任制中：教师和学校处于平等的民事地位，选择是双向的，双方劳动关系的建立基于平等自愿的原则，学校面向社会公开招聘、择优聘用、广揽人才，教师个人也成为整个社会共享的人力资源。聘任制度的表现形式是教师和学校之间的劳动契约、聘用的任期、双方的权利与义务、违约责任等方面都采取合同条款的方式明晰化。

三、岗位绩效工资制

（一）岗位绩效工资制的含义及其结构

岗位绩效工资是以教师被聘上岗的工作岗位为主，根据岗位技术含量、责任大小、劳动强度和环境优劣确定岗级，以教师的劳动成果为依据支付劳动报酬，是劳动制度、人事制度与工资制度密切结合的制度。岗位绩效工资由岗位工资、薪级工资、绩效工资和津贴补贴四部分组成。

1.岗位工资和薪级工资

岗位工资和薪级工资为基本工资，由国家制定统一标准。岗位工资主要体现教师所聘岗位的职责和要求，薪级工资主要体现教师的工作表现和资历，实行"一岗一薪，岗变薪变；一级一薪，定期升级"。中小学教师岗位工资和薪级工资标准，在新的专业技术人员基本工资标准的基础上分别提高10%。

根据相关法律法规的规定，我国各级各类学校实行统一的教师职务制度，分为高级、中级、初级职务。学校根据现行教师职务制度和国家关于岗位设置的有关规定，设置教师岗位，并执行相应的岗位工资标准。

2.绩效工资

绩效工资由国家实行总量调控和政策指导，教育事业单位在核定的绩效工资总量内，按照规范程序和要求，采取灵活多样的分配形式和办法，自主分配。

3.津贴补贴

津贴补贴包括艰苦边远地区津贴和特殊岗位津贴补贴等。

（二）岗位绩效工资制的实施

1.绩效工资总量和水平的核定

绩效工资总量按学校工作人员上年度 12 个月基本工资额度和规范后的津贴补贴水平核定。其中，义务教育教师规范后的津贴补贴平均水平，由县级以上人民政府人事、财政部门按照教师平均工资水平不低于当地公务员平均工资水平的原则确定。绩效工资总量随基本工资和学校所在县级行政区域公务员规范后津贴补贴的调整做相应的调整。

义务教育学校实施绩效工资同规范义务教育学校津贴补贴结合进行，将规范后的津贴补贴和原国家规定的年终一次性奖金纳入绩效工资总量。在人事、财政部门核定的绩效工资总量内，学校主管部门具体核定学校绩效工资总量时，要合理统筹，逐步实现同一县级行政区域义务教育学校绩效工资水平大体平衡，对农村学校特别是条件艰苦的学校要给予适当倾斜。

2.绩效工资的分配

绩效工资分为基础性和奖励性两部分。基础性绩效工资主要体现地区经济发展水平、物价水平、岗位职责等因素，占绩效工资总量的 70%，具体项目和标准由县级以上人民政府人事、财政、教育部门确定，按月发放。奖励性绩效工资主要体现工作量和实际贡献等因素，在考核的基础上，由学校确定分配方案和办法。根据实际情况，学校还可以在绩效工资中还可以设立班主任津贴、超课时津贴、教育教学成果奖励等项目。

教育部门要制定绩效考核办法，加强对学校内部考核的指导，充分发挥绩效工资分配的激励导向作用。学校要完善内部考核制度，根据教师、管理、工勤技能等岗位的不同特点，实行分类考核。根据考核结果，在分配中应坚持多劳多得，优绩优酬，重点向一线教师、骨干教师和做出突出成绩的其他工作人员倾斜。

学校在制订绩效工资分配办法时要充分发扬民主，广泛征求教职工的意见。分配办法由学校领导班子集体研究后，报学校主管部门批准，并在本校公开。

3.经费保障与财务管理

义务教育学校实施绩效工资所需经费纳入财政预算，按照管理以县为主、经费省级统筹、中央适当支持的原则，确保义务教育学校实施绩效工资所需资金落实到位。县级财政要优先保障义务教育学校实施绩效工资所需经费；省级财政要强化责任，加强经费统筹力度；中央财政要进一步加大转移支付力度，对中西部及东部部分财力薄弱地区农村义务教育学校实施绩效工资给予适当支持。

学校要规范财务管理，严格执行国务院关于免除义务教育阶段学生学杂费等费用的规定。学校的国有资产实行统一管理，各类政府非税收入一律按照国家规定上缴同级财政，严格实行"收支两条线"。严禁利用收费收入和公用经费自行发放津贴补贴。

学校绩效工资专款专用，分账核算。绩效工资以银行卡的形式发放，原则上不得发放现金。具体发放方式按地方财政国库管理制度有关规定执行。实行财政统一发放工资的地方，基础性绩效工资按规定程序直接划入个人工资银行账户，奖励性绩效工资经学校主管部门审核后，由同级财政部门划入个人工资银行账户。

四、学校内部管理体制改革趋势

经过多年的发展，包括校长负责制、教师聘任制和岗位绩效工资制在内的中小学内部管理体制的框架已建立并逐渐得到完善。但实际工作中还存在一些亟待解决的问题，如中小学校长负责制实施中的权力滥用，教师聘任制的"走过场"现象，岗位绩效工资改革过分重视量化指标等。未来学校内部管理体制改革应着重从以下方面入手：

（一）落实和完善校长负责制

根据相关教育法律法规的规定，中小学实行校长负责制。但在实际运行过程中，一些权力集中于各级教育行政部门，部分学校的办学自主权没有得到真正落实，校长负责制的实行存在着一些牵绊。未来的改革需要理清政校关系，真正实现管办分离，切实落实校长负责制。

权力下放到学校时，如果不能对行使权力的学校管理者进行有效的监督和制约，便有可能会出现学校管理者滥用权力的问题，导致校长专政、一言堂，不利于学校教育教学工作的开展。各级各类学校要完善内部治理结构，健全教职工代表大会制度，引导社区及有关专业人士参与学校管理和监督，实行学校管理民主决策机制，从而建立对校长权力的制衡和约束机制，保障校长负责制的健康、有效运行。

（二）深化聘任制改革，保障教师合法权益

教师聘任制的实施对推动教师人事制度改革发挥了关键作用，增强了办学活力，优化了教师队伍结构。但与中小学教师聘任制的相关法律法规和规章制度还不完善，并且受政治、经济和文化等方面的影响，也存在着一定的问题，如缺乏可操作性的教师聘任制实施的方法和程序、教师聘任权的归属不明确以及农村和不发达地区教师流失等。这些问题严重影响了中小学教师人事制度改革的深化发展，也不利于保障聘用双方尤其是教师的合法权益。因此，必须加强对教师聘任制度的主体、程序、监督等方面问题的立法研究，建立并完善以岗位设置管理为基础的教师聘任制度以及相关的教师流动制度、岗位绩效评价制度，将中小学教师人事制度改革不断向纵深方向推进。

（三）改革教师评价模式，健全以人为本的岗位绩效工资制

中小学教师收入分配制度的改革需要以相应的考核制度为基础。教师的工作存在着劳动成果的滞后性，对学校发展的影响是集体性的；教师工作存在着空间和时间上的延展性，教师工作不能简单地用上班时间来衡量，家访、批改作业、与学生谈心、准备课程、通过网络与家长联系等都是教师工作的内容；教师的教学质量还与生源质量、家长配合等方面密切相关。所以，教师考核具

有明显的复杂性，不能简单地以分数、升学率、论文发表及获奖情况考核教师，而是要将学生发展的基础和发展情况、教师工作量及工作实绩、家长和学生评价等方面综合起来对教师工作进行评价，将定量方式与定性方式相结合，全面评价教师工作。目前，教师工作评价科学标准的制定还存在着明显的滞后性，中小学的教师评价标准和方式还不能完全适应教育事业发展的需要以及教师人事制度改革的发展趋势。因此，建立科学合理的教师绩效评价机制是未来学校内部管理体制和教师人事制度改革的方向。通过建立以业绩和能力水平为导向的教师评价机制，可以体现教师职业的特殊性，从评价机制上形成以人为本的导向，促使教师安心做好教育教学工作，进而提高办学质量。

第三章 学校管理理念探索

第一节 全面贯彻教育方针

一、教育方针概述

教育方针是一个国家教育工作的总方向和总目标。中国有制定教育方针的传统，在近现代教育史上曾经有过多种教育方针，历届政府、教育界的著名学者和学术团体，都很重视教育方针的研究。

清末和民国时期，教育工作的目的和任务，有时称教育宗旨，有时称教育方针，二者实质上是相同的。光绪三十二年（1906 年），清王朝提出的"钦定教育宗旨"是"忠君、尊孔、尚公、尚武、尚实"。这是中国近代教育史上第一次被正式提出的教育宗旨。1912 年，著名教育家蔡元培担任南京临时政府教育总长，发表《对于教育方针之意见》，提出以军国民主义教育、实利主义教育、公民道德教育、世界观教育、美育为教育方针的内容。1915 年，袁世凯以大总统名义规定教育宗旨为"爱国、尚武、崇实、法孔孟、重自治、戒贪争、戒躁进"，在大、中、小学恢复尊孔读经教育，引起当时教育界有识之士的反对。1915 年 10 月，陈独秀在《新青年》发表《今日之教育方针》，针对袁世凯在教育上推行封建复古的方针，主张采取各国教育之长处，"补偏救弊，以求适世界之生存而已"。此后北洋政府、中华民国政府和一些教育团体多次研究和提出教育宗旨，如 1918 年北洋政府组织的教育调查会，将"养成健全人格，发展共和精神"作为教育宗旨，1926 年中华教育改进社提议以"养成爱国国民"为教育宗旨，1929 年南京国民政府提出"三民主义的教育方针"。综观自清末至新中国成立前提出的种种教育宗旨或教育方针，蔡元培提出的教育方针比较全面地反映了教育的功能，第一次提出了人的自身发展的素质结构。蔡元培首倡美育，他认为美育的作用能使人不顾祸福、不计生死、与人同乐、舍己为群，具有高尚的情操和乐观进取的精神。蔡元培认为他提出的五育"皆今日之教育所不可偏废者也"。

1925 年 5 月，中国第二次全国劳动大会通过的《工人教育决议案》提出：我们的教育方针，一面是注意他们日常生活的需要，如识字、常识等，但更重要的是要用这些日常知识材料说明其原因和结果，引用他们生活困苦之根源及社会之罪恶，以唤醒其阶级觉悟，这是我们无产阶级的极重要的原则，可以说是我们教育的生命。1934 年 1 月，毛泽东在第二次全国苏维埃代表大会的报告中提出："苏维埃文化教育的总方针在什么地方呢？在于以共产主义的精神来教育广大的劳苦民众，在于使文化教育为革命战争与阶级斗争服务，在于使教育与劳动联系起来，在于使广大中国民众都成为享受文明幸福的人。"这个总方针明确提出教育"为革命战争与阶级斗争服务"，反映了当时政治形势的需要。抗日战争全面爆发后，斗争形势发生了变化。

新中国成立以后，教育方针有过几种不同提法。1950 年 5 月，教育部副部长钱俊瑞在《当前教育建设的方针》一文中指出："为工农服务，为生产建设服务，这就是当前实行新民主主义教育的中心方针。"1957 年 2 月，毛泽东在《关于正确处理人民内部矛盾的问题》一文中指出："我们的教育方针，应该使受教育者在德育、智育、体育几方面都得到发展，成为有社会主义觉悟的有文化的劳动者。"1958 年 9 月，中共中央、国务院发布《关于教育工作的指示》，正式提出党的教育工作方针是：教育为无产阶级的政治服务，教育与生产劳动相结合。后来概括为"教育必须为无产阶级政治服务，必须同生产劳动相结合"，也就是人们通常说的"两个必须"。1981 年 6 月，《关于建国以来党的若干历史问题的决议》提出："要加强和改善思想政治工作，用马克思主义世界观和共产主义道德教育人民和青年，坚持德智体全面发展、又红又专、知识分子与工人农民相结合、脑力劳动与体力劳动相结合的教育方针。"

教育方针主要解决两大问题：一是教育为什么服务（教育的总任务），二是培养什么样的人（培养目标）。在新中国成立以后提出的教育方针中，影响最大的是 1957 年和 1958 年提出的方针。方针规定教育的总任务是"为无产阶级政治服务"，培养目标是在德育、智育、体育几方面都得到发展的"有社会主义觉悟的有文化的劳动者"。

党的十一届三中全会召开以后，我国进入了一个新的历史时期，党的基本路线是"一个中心，两个基本点"。新时期的主要任务是进行社会主义现代化建设，不仅不同于夺取政权以前的任何历史时期，也不同于新中国成立以后的各个历史阶段，方针政策是根据形势任务制定的，形势任务变了，方针政策当然也要随之改变。因此，我国教育理论界对新时期教育方针做了长时间的认真探讨。1991 年 4 月 9 日，第七届全国人大第四次会议批准的《中华人民共和国国民经济和社会发展十年规划和第八个五年计划纲要》提出了新时期的教育方针：教育必须为社会主义现代化服务，必须同生产劳动相结合，培养德、智、体全面发展的建设者和接班人。2021 年 4 月 29 日修订的《中华人民共和国教育法》第五条即对教育方针进行了规定，全文如下："教育必须为社会主义现代化建设服务、为人民服务，必须与生产劳动和社会实践相结合，培养德智体美劳全面发展的社会主义建设者和接班人。"

二、全面理解和认真贯彻教育方针

每位教育工作者都应该认真学习和理解《中华人民共和国教育法》所规定的教育方针。历史经验证明，对国家的重大方针政策，如果理解得不全面、不深刻，就必然会在实践中出现失误。

（一）如何理解"教育必须为社会主义现代化建设服务"

"社会主义现代化建设"包括的内容很丰富，它不仅包括我们通常所说的农业现代化、工业现代化、国防现代化、科学技术现代化等"四个现代化"，而且包括整个社会的政治、经济、文化、社会生活各个方面的现代化。教育为社会主义现代化建设服务，概括起来，主要指的是为社会主义的经济建设和社会主义精神文明建设服务。我们必须深刻认识搞好社会主义经济建设的重要性和紧迫性。在社会主义现代化建设中，我们始终要以经济建设为中心。党和国家的各项工作都必须服从和服务于经济建设这个中心，而不能离开这个中心，更不能干扰这个中心。教育工作当然不能例外，也要服务于经济建设这个中心。教育是通过培养人来为经济建设服务的。因此，教育必须想经济建设之所想，急经济建设之所急，培养经济建设需要的合格人才。

教育还必须为社会主义精神文明建设服务。社会主义现代化建设，如果只抓物质文明建设，不抓精神文明建设，人们对社会主义的理解就会存在片面性，人们的注意力就会仅限于物质文明建设，甚至仅限于对物质利益的追求，现代化建设就不能保证社会主义方向。精神文明建设包括思想道德建设和科学文化建设两个方面，它渗透在整个物质文明建设中，体现在政治、经济、文化、社会生活的各个方面。思想道德和科学文化建设，都离不开马克思主义的指导。所以教育为社会主义精神文明建设服务，必须坚持马克思列宁主义、毛泽东思想、邓小平理论、"三个代表"重要思想、科学发展观、习近平新时代中国特色社会主义思想的指导。教育为社会主义精神文明建设服务也是通过培养人来实现的。学校培养人，必须着眼于提高学生素质，提高学生的政治素质、思想素质、文化素质和身体素质。尤其是中小学教育，在提高整个民族素质方面，担负着极其重要的任务，是奠基工程。

社会主义现代化不同于资本主义现代化，我们必须明确：凡是有利于发展社会生产力的，有利于增强我国综合国力的，有利于提高人民生活水平的，就是社会主义的，就要勇于实践，并不断总结经验。

（二）如何理解"教育必须与生产劳动相结合"

教育与生产劳动相结合是现代大工业生产对劳动者的客观要求，作为教育方针的组成部分，对其我们要从以下方面进行理解：

1.要从宏观上理解

邓小平在谈到教育与生产劳动相结合的内容与方法要有新的发展时指出，更重要的是整个教育事业必须同国民经济发展的要求相适应。能否做到学生学的和将来要从事的职业相适应，能否做到学用一致，是从根本上坚持或反对教育与生产劳动相结合的一个非常重要的问题。这个问题如何解决？有的是学校应该做的，有的则不是学校力所能及的。它不仅同学校的教育教学工作有关，还同学制、课程、教材、师资、专业设置等有关。可见，贯彻"教育必须与生产劳动相结合"的方针，不仅学校有责任，各级教育行政部门也有责任。

2.要从"双向"上理解

马克思、恩格斯、列宁都谈到，不仅教育要与生产劳动相结合，生产劳动也要与教育相结合。也就是说，这种结合是"双向"的，不是单向的。马克思、恩格斯曾说："对所有儿童实行公共的和免费的教育。取消现在这种形式的儿童的工厂劳动。把教育同物质生产结合起来。"这里说的是教育同物质生产相结合。马克思又说："生产劳动和教育的早期结合是改造现代社会的最强有力的手段之一。"这里说的是生产劳动要与教育相结合。列宁说："无论是脱离生产的教学和教育，或是没有同时进行教学和教育的生产劳动，都不能达到现代技术水平和科学知识现状所要求的高度。"这就是从"双向"的角度来阐明的。可见，不仅学校要贯彻"教育必须与生产劳动相结合"的方针，所有集体生产部门在社会生产过程中也要贯彻这一方针。

3.要从更宽更广的角度去理解

教育与生产劳动相结合作为教育方针的组成部分，是 1958 年提出来的。要培养社会主义现代化建设需要的合格人才，就必须认真研究在新的条件下，如何更好地贯彻教育与生产劳动相结合的方针。现代经济和技术的迅速发展，要求教育质量和教学效率的迅速提高，在教育与生产劳动相结合的内容上、方法上不断有新的发展。我们一定要吸取历史教训，把教育与生产劳动相结合的内容看得更宽广一些，不要把"教劳结合"简单地看成参加体力劳动。同时，在组织师生参加劳动时，还要考虑学生和教师的特点，"因人制宜"。

4.要明确教育与生产劳动相结合的目的

教育与生产劳动相结合的主要目的是培养人，提高教育质量，提高人的素质。"教劳结合"的目的曾经有过多种说法，其中一种解释是："教劳结合"是为了使学生成为多面手，使工人、农民成为多面手，工人兼农民，农民兼工人，工人、农民即学生，学生即工人、农民，是为了消灭脑力劳动与体力劳动的差别，使人类进入共产主义社会。这种解释显然不切合实际，是把理想当作现实。还有一些说法是："教劳结合"是为了理论联系实际，以便学生学到"完全的知识"；"教劳结合"是为了培养学生的劳动观点和劳动人民的思想感情；"教劳结合"是为了创造经济效益，节约国家开支。这些说法都存在一定的局限性。我们必须从学用结合，从培养人、提高人的素质的高度来认识"教劳结合"的目的和意义。

5.要明确教育与生产劳动相结合的具体内容

从学校教育来说，教育与生产劳动相结合包括以下内容：

（1）知识分子与工人、农民相结合

工人、农民是主要生产者，是社会主义现代化建设的主力军。师生要有机会接触工人和农民，了解工农业生产的现状。这不仅是教育教学工作的需要，也是自我提高的需要。近年来，在师生中开展社会实践活动，是"教劳结合"的重要形式之一。

（2）脑力劳动与体力劳动相结合

"脑体结合"的含义，实质是手脑并用。陶行知通俗而又深刻地阐明了脑力劳动与体力劳动相结合的意义：人生两个宝，双手与大脑，用脑不用手，快要被打倒，用手不用脑，饭也吃不饱，手脑都会用，才算是开天辟地的大好佬。

如果知识分子习惯于"用脑不用手",就会给自己的知识和能力带来很大的局限性,所以应该"手脑并用"。

(3)理论与实践相结合

教师教书,学生学习,均不可脱离社会实践。"教劳结合"是理论与实践相结合的主要途径。

(4)学与用相结合

学以致用,学用一致,是教育与生产劳动相结合的重要标志。学生学的和将来要从事的职业不相适应,学非所用,用非所学,则是从根本上破坏了教育与生产劳动相结合的方针。学校要在力所能及的范围内解决学非所用的问题。例如,从小培养学生良好的劳动品质,培养学生讲质量、负责任、守纪律的职业意识,培养学生重视技术,重视动手的观念。养成这些品质,不仅会使学生终身受益,而且对社会主义现代化建设大有好处。

(三)如何理解"培养德智体美劳全面发展的社会主义建设者和接班人"

"培养德智体美劳全面发展的社会主义建设者和接班人"包括两层意思:一是我们要培养的人是"建设者和接班人",二是建设者和接班人必须是"德智体美劳全面发展的"。之所以采用"建设者和接班人"的提法,是因为我们现在从事的事业是社会主义建设事业。社会主义建设包括物质文明建设和精神文明建设,每个公民都要参加,都是社会主义建设者。这比"劳动者""人才""公民""四有新人"等提法更为准确,更有时代感和使命感。采用"接班人"这个概念,是从防止、反对与抵御和平演变的战略高度提出来的。把培养接班人写入教育方针,就是要求公民坚持和保卫中国特色社会主义的阵地。接班人有几种说法：共产主义接班人，无产阶级革命事业接班人，社会主义接班人。这些说法都是正确的。但联系到党的总路线和总任务，"社会主义接班人"的提法更为准确。因为实现共产主义还是比较遥远的事；无产阶级革命事业主要指的是推翻资产阶级统治，建立人民政权，这个任务我国已经完成了；而当前的中心任务是搞好社会主义建设，故提"社会主义接班人"更为准确。建设者和接班人有何区别？二者之间是什么关系？所谓建设者，是指从事社会主义建设的人，每个公民都应该是社会主义建设者，不应该是社会主义建设的局外人；所谓接班人，是对建设者提出的政治要求，每个公民也应该是社会主义接班人，坚持走社会主义道路。特别是各级干部，更应该是社会主义的可靠接班人。

　　社会主义建设者和接班人，必须做到德智体美劳全面发展。这里所说的全面发展，与马克思主义关于人的全面发展的含义不完全相同。马克思、恩格斯鉴于社会分工特别是脑力劳动与体力劳动的分离和对立，造成人的智力和体力的片面发展，因而提出人的全面发展学说。他们所说的全面发展的人，指的是能将脑力劳动和体力劳动结合起来的人，这种人通晓整个生产系统，能摆脱旧的分工的奴役，能根据社会的需要和自己的爱好轮流从一个生产部门转到另一个生产部门。我们所说的全面发展，是国家要求青少年在品德、智力、体质、审美、劳动等方面全面发展，是作为社会主义建设者和接班人必备的素质提出来的。现在的教育方针把"培养德智体美劳全面发展的社会主义建设者和接班人"写进去，体现了新中国成立以来我国教育方针的连续性和继承性。

　　"德智体美劳全面发展"的提法，抓住了青少年身心发展的本质，有积极指导意义。国家要用此标准要求学校，教师要用此标准要求学生，家长要用此标准要求子女，学生也要用此标准要求自己。

教育方针的三句话是一个有机的整体，并且是互相联系、互为条件的。第一句话"教育必须为社会主义现代化建设服务、为人民服务"，表明我国教育的社会主义性质和教育的服务方向，扣紧了当前的中心任务；第二句话"必须与生产劳动和社会实践相结合"，指明了培养社会主义建设者和接班人的基本途径；第三句话"培养德智体美劳全面发展的社会主义建设者和接班人"，明确提出了我国各级各类学校共同的培养目标。教育方针既是对全国儿童、青少年的总要求，也是对教师的殷切希望，既是国家对学校培养人才提出的质量标准，也是提高民族素质的具体化。

我国的教育方针已经确定下来并写进《中华人民共和国教育法》。无论是各级教育行政部门还是各级各类学校，都要深刻理解在新时代全面贯彻党的教育方针的重大意义，深刻把握教育工作的政治属性、宗旨方向、目标任务，坚持以习近平新时代中国特色社会主义思想为指导，坚持马克思主义指导地位，坚持党对教育工作的全面领导，坚持社会主义办学方向，坚持教育为人民服务、为中国共产党治国理政服务、为巩固和发展中国特色社会主义制度服务、为改革开放和社会主义现代化建设服务，扎根中国大地办教育，同生产劳动和社会实践相结合，加快推进教育现代化，建设教育强国，办好人民满意的教育，努力培养担当民族复兴大任的时代新人，培养德智体美劳全面发展的社会主义建设者和接班人。

各地要把学习宣传贯彻党的教育方针作为重要政治任务，同学习贯彻习近平总书记关于教育的重要论述相贯通，同贯彻落实党的十九届五中全会精神相衔接，同开展党史学习教育相结合，同贯彻落实《中华人民共和国教育法》相统一，针对党政机关、学校、社会各界等不同特点，分类就学习宣传贯彻工作作出专门部署。各级党委教育工作领导小组要切实加强组织领导，探索和丰富监测评价手段，加大指导力度，力戒形式主义、官僚主义，不折不扣地贯彻落实党的教育方针。

第二节　实施素质教育

一、素质教育概述

素质，指事物本来的性质。人的素质有两种解释：一是指个人先天具有的生理上的特点，即人的神经系统、感觉器官和运动器官的特点，特别是大脑的特点。这些是通过遗传获得的，所以又称遗传素质。二是指公民或某种专门人才的基本品质，如干部素质、校长素质、教师素质、医生素质。这些是个人在后天环境和教育影响下形成的，是通过个人的经历获得的。总而言之，人的素质是指先天具有的生理、心理特点和后天通过环境和教育获得的基本品质。

中央文件第一次出现"素质教育"这一名词，是 1994 年 8 月 31 日发布的《中共中央关于进一步加强和改进学校德育工作的若干意见》，原文如下："增强适应时代发展、社会进步，以及建立社会主义市场经济体制的新要求和迫切需要的素质教育。"素质教育是针对当时中小学普遍存在的"应试教育"的弊端提出来的。

有学者认为，素质教育的宣传和实施经过了两个阶段：一是 1985—1994

年，为素质教育的酝酿准备阶段；二是 1994—1998 年，为素质教育的起步阶段。这个观点是符合实际情况的。其中，酝酿准备阶段之所以从 1985 年算起，是因为这一年的 5 月 27 日颁发了《中共中央关于教育体制改革的决定》，其中第一句话就提到"提高民族素质"，最后一句话是"把全民族的文化科学素质和精神境界提高到一个崭新的水平"。尽管全文并未出现"素质教育"这个名词，但在中央文件中从头到尾如此强调提高民族素质，这是第一次。因此，把这一年作为素质教育酝酿准备阶段的第一年是有道理的。

酝酿准备阶段和起步阶段共有 14 年。在这 14 年里，素质教育的宣传和实施产生了很大影响。其中，正面影响是全民都知道了"素质"这个名词，知道了提高人的素质的重要性。这种影响是积极的、可贵的。但是由于这个概念内涵不清，有各种各样的界定（有人统计，其定义有四五十种之多），因而人们对它的理解也是各种各样的。这里只列举以下几种：

第一，认为学校实施素质教育，就是多开体育、音乐、美术课，就是唱歌、跳舞、画画，就是多开展课外文娱体育活动。但又不敢放松语文、数学、外语等重点学科的学习，怕影响升学率，于是有的学校规定双休日为"素质教育日"，其他时间则继续搞"应试教育"。这样做不但没有减轻学生的课业负担，反而加重了师生的负担。

第二，把素质教育等同于思想品德教育。不仅有的中小学校长这样理解，大学校长中也不乏这样理解的人。有一位大学校长曾说："大学不仅要搞专业教育，还要搞素质教育。"可见在这位大学校长的理解中，素质教育不包括专业教育。

第三，素质教育要提高学生哪些素质，也有各种各样的说法。有的提出要提高学生的自然素质和社会素质，有的强调要提高学生的人文素质和艺术素质，有的强调提高学生的思想道德和文化科学素质，有的则特别强调提高学生的心理素质。理解不同，具体措施当然也不一样。

第四，许多人强调，实施素质教育的主渠道在课堂。诚然，课堂教学十分重要，这是提出素质教育以前就被肯定了的，大家早已取得共识。但是，实施素质教育有没有主渠道？光靠课堂能否提高学生的全面素质，能否使学生全面发展？这就引起了争论。

第五，有人认为，"应试教育"的罪魁祸首是考试。要推行素质教育，就必须淡化考试，甚至取消考试。于是教育行政部门不得不指出，考试是必要的，要改进的是考试的内容和方法，不是取消考试。

第六，有人认为，·百分制助长了片面追求升学率的风气，妨碍学生全面发展，应该改为等级制。于是个别学校便改百分制为等级制，把这当作推行素质教育的一大成果。

第七，关于素质教育与全面发展教育的关系也有多种认识。一些人对此关系的认识是模糊的，甚至有意无意地抬高素质教育，贬低全面发展教育。

笔者认为以上种种理解都是片面的，在教育界特别是在中小学引起了混乱，使实际工作者无所适从。

除了上述理解，还有一些理论工作者把 14 年来素质教育理论与实践的成绩无限拔高，这也是不合理的。

笔者认为，1998 年以后是全面推进阶段。1999 年颁发的《中共中央、国务院关于深化教育改革全面推进素质教育的决定》（以下简称《决定》）是这个阶段的重要标志。

第一，《决定》第一条指出："实施素质教育，就是全面贯彻党的教育方针，以提高国民素质为根本宗旨，以培养学生的创新精神和实践能力为重点，造就'有理想、有道德、有文化、有纪律'的、德智体美等全面发展的社会主义事业建设者和接班人。"这句话把素质教育的内涵、根本宗旨、重点和培养目标说得一清二楚。这一条的最大特点是把素质教育同教育方针联系起来，直截了当地指出"实施素质教育，就是全面贯彻党的教育方针"。

第二，从素质教育的范围来说，《决定》指出，实施素质教育应当贯穿于幼儿教育、中小学教育、职业教育、成人教育、高等教育等各级各类教育，贯穿于学校教育、家庭教育和社会教育等各个方面。

第三，《决定》的第二部分"深化教育改革，为实施素质教育创造条件"，对如何全面推进素质教育，不仅指明了方向，而且提出了许多重大措施。例如：调整现有教育体系结构，扩大高中阶段教育和高等教育的规模，拓宽人才成长的道路，减缓升学压力；构建与社会主义市场经济体制和教育内在规律相适应、不同类型教育相互沟通相互衔接的教育体制；扩大高校招生、专业设置等自主权；进一步解放思想、转变观念，积极鼓励和支持社会力量以多种形式办学；加快改革招生考试和评价制度；调整和改革课程体系、结构、内容，建立新的基础教育课程体系；大力提高教育技术手段的现代化水平和教育信息化程度；努力改变教育与经济、科技相脱节的现状，促进教育和经济、科技的紧密结合；等等。只有采取这些重大举措，才能有效地推进素质教育。

第四，《决定》第二十三条指出："全面推进素质教育，根本上要靠法治、靠制度保障。"这指明了全面推行素质教育的保障。《决定》还强调要"完善国家教育立法，加大教育执法力度"，要"制定有关素质教育的制度和法规，逐步实现素质教育制度化、法制化"。《决定》要求各级人民政府和各部门切实做到依法行政，保证教育方针的全面贯彻执行。这些都是从"根本上"考虑的。

当然，全面推进素质教育是一项长期的、艰苦的工作，是我国教育事业的一场深刻变革，不可能一蹴而就。但只要方向明确、措施得力，在党的领导下，人人参与，全社会支持，我国全面推进素质教育的伟大事业就一定能取得成功。

二、全面推进素质教育的基本内容、途径与观点

（一）全面推进素质教育的基本内容

"全面推进素质教育"的"全面"二字，包括以下含义：

第一，实施素质教育应当贯穿于幼儿教育、中小学教育、职业教育、成人教育、高等教育等各级各类教育。

第二，实施素质教育应当贯穿于学校教育、家庭教育和社会教育等各个方面。

第三，实施素质教育，必须把德育、智育、体育、美育、劳动教育和社会实践等有机地统一在教育活动的各个环节中。

具体来说，全面贯彻推进素质教育的基本内容包括以下几个方面：

1.加强和改进德育工作

德育即思想政治和品德教育。中小学要特别重视德育工作，按照德育总体目标和学生成长规律，确定不同学龄阶段的德育内容和要求，在培养学生的思

想品德和行为规范方面，形成一定的目标递进层次。中小学德育主要包括以下内容：理想信念教育、社会主义核心价值观教育、中华优秀传统文化教育、生态文明教育和心理健康教育。

一是加强理想信念教育。开展马列主义、毛泽东思想学习教育，加强中国特色社会主义理论体系学习教育，引导学生深入学习习近平系列重要讲话精神，领会党中央治国理政新理念、新思想、新战略。加强中国历史特别是近现代史教育、革命文化教育、中国特色社会主义宣传教育、中国梦主题宣传教育、时事政策教育，引导学生深入了解中国革命史、中国共产党史、改革开放史和社会主义发展史，继承革命传统，传承红色基因，深刻领会实现中华民族伟大复兴是中华民族近代以来最伟大的梦想，培养学生对党的政治认同、情感认同、价值认同，使学生树立为共产主义远大理想和中国特色社会主义共同理想而奋斗的信念和信心。

二是加强社会主义核心价值观教育。把社会主义核心价值观融入国民教育全过程，落实到中小学教育教学和管理服务各环节，深入开展爱国主义教育、国情教育、国家安全教育、民族团结教育、法治教育、诚信教育、文明礼仪教育等，引导学生将社会主义核心价值观内化于心、外化于行。

三是加强中华优秀传统文化教育。开展家国情怀教育、社会关爱教育和人格修养教育，传承中华优秀传统文化，大力弘扬中华传统美德、中华人文精神，引导学生了解中华优秀传统文化的历史渊源、发展脉络、精神内涵，增强文化自觉和文化自信。

四是加强生态文明教育。加强节约教育和环境保护教育，开展大气、土地、水、粮食等资源的基本国情教育，帮助学生了解祖国的大好河山和地理地貌，开展节粮、节水、节电教育活动，推动实行垃圾分类，倡导绿色消费，引导学生树立尊重自然、顺应自然、保护自然的发展理念，养成勤俭节约、低碳环保、自觉劳动的生活习惯，形成健康文明的生活方式。

五是加强心理健康教育。开展认识自我、尊重生命、学会学习、人际交往、情绪调适、升学择业、人生规划以及适应社会生活等方面的教育，引导学生增强调控心理、自主自助、应对挫折、适应环境的能力，培养学生健全的人格、积极的心态和良好的个性心理品质。

2.重视智育工作

智育即智力教育。智力一般指观察力、记忆力、想象力、思维力、判断力等。要培养和发展学生的智力，就必须提高教学质量。这就需要：改革教学内容和改进教学方法；积极实行启发式和讨论式教学，激发学生独立思考和创新意识；让学生感受、理解知识产生和发展的过程，培养学生的科学精神和创新思维习惯。

此外，搜集和处理信息的能力、获取新知识的能力、分析和解决问题的能力、语言文字表达能力、团结协作能力和社会活动能力等，也都是很重要的智力。在信息时代，这些能力显得特别重要，要着力培养。

3.加强和改进体育卫生工作

健康体魄是青少年为人民服务的基本前提，是中华民族旺盛生命力的体现。体育是从锻炼方面增强学生的体质，卫生是从保健、医疗方面保护学生的健康。两者必须紧密结合，才能相辅相成，促进学生健康成长。

学校教育要树立"健康第一"的指导思想，切实加强体育工作，使学生掌握基本的运动技能，养成坚持锻炼身体的良好习惯；确保学生体育课程和课外体育活动时间，不准挤占体育活动时间和场所；举办多种多样的群体性体育活动，培养学生的竞争意识、合作精神和坚强毅力。

学校还要重视卫生工作，认真培养学生的良好卫生习惯，使他们了解一些科学营养知识。

4.发挥美育在学校教育中的作用

美育又称审美教育或美感教育。中小学美育的基本任务，是帮助学生树立正确的审美观点，培养学生的审美能力，发展学生表现美和创造美的才能。美育不仅能陶冶情操、提高素养，而且有助于开发智力，对促进学生全面发展具有不可替代的作用。美术和音乐是美育的重点课程，中小学要加强美术、音乐的课堂教学，开展丰富多彩的课外文化艺术活动，增强学生的美感体验，培养学生欣赏美和创造美的能力。

5.重视劳动教育

教育与生产劳动相结合，是培养人的途径，也是我国教育方针的组成部分。对此要有正确的、全面的理解。不少人认为，贯彻教育与生产劳动相结合的方针，就是组织师生参加生产劳动，这样理解是远远不够的。"教劳结合"的目的，是使学生接触大自然，了解社会，培养热爱劳动的习惯和艰苦奋斗的精神。学校要开足、开好国家规定的综合实践活动课程、通用技术课程，把课程育人作为实施劳动教育的重要途径；要在学校日常运行中渗透劳动教育，组织学生开展校内劳动；要充分利用劳动教育实践基地、综合实践基地和其他社会资源，组织学生参加校外劳动；要密切家校联系，安排适量的劳动家庭作业，鼓励学生参加家务劳动。

（二）全面推进素质教育的基本途径

有些人认为，实施素质教育的主渠道在课堂。这种说法不准确，容易引起误解。

所谓渠道，就是途径。所谓课堂，即用来进行教学活动的教室，当然不包括课外，不包括社会实践活动。诚然，课堂是学科教学活动的主要场所，是提高学生思想道德和科学文化素质的重要阵地，学校要千方百计地提高课堂教学质量，这是毫无疑问的。但素质教育是要提高学生的全面素质，不只限于科学文化素质。如果过分强调"实施素质教育的主渠道在课堂"，就很容易忽视课外活动和社会实践活动，势必淡化科学文化素质以外的素质。因此，"实施素质教育的主渠道在课堂"的说法欠妥。提高学生的全面素质应是多渠道、多途径的，光靠课堂不行。推行素质教育的重要措施之一是减轻学生过重的课业负担，这不仅需要提高教师水平，改进教学方法，还需要改革课程体系、课程内容、考试制度和考试方法。例如，韩国为减轻学生课业负担，在基础教育课程改革方面采取了许多措施，其中有两条特别突出：一是减少科目，减轻学生课业等压力；二是压缩课时，减少学生课堂学习时间。

有一种观点认为，学生课堂学习时间越多越好，少了就会降低教学质量，事实并非如此。苏联著名教育家苏霍姆林斯基在担任帕夫雷什中学校长的期间，该校是当时公认的教学质量高、真正使学生得到全面发展的学校。该校下午从不排课，而是组织学生参加多种多样的课外活动。苏霍姆林斯基认为：午后不进行紧张学习的脑力劳动，这是一个具有决定性作用的条件。在这个条件下，不仅可以增强学生体质，而且可以为学生丰富精神生活、全面发展创造条件。他还指出：下午不进行紧张的脑力劳动，并非为了完全摆脱智力劳动，而是为了让学生能过上富有意义的丰富多彩的精神生活。只有当孩子每天按自己的愿望随意使用 5~7 小时的空余时间，才有可能培养出聪明的、全面发展的人来。离开这一点去谈论全面发展，谈论培养素质、爱好和天赋才能，只不过是一些空话而已。苏霍姆林斯基还强调，课外活动基本上应在户外进行。帕夫雷什中学学生课后自愿选择的课外小组活动，如做游戏、旅游参观、徒步行军、阅读文艺和科普书籍、进行文娱活动等，90%以上都在户外进行。在美国，学校也很重视学生参加课外活动。人们普遍认为，丰富多彩的课外活动有助于培养学生的竞争意识、责任感和领导能力等。美国学生的课外活动可谓五花八门，有学术性的、娱乐性的、健身性的，也有社区服务性的。美国高中学生在课外活动中的表现，越来越受到重视，一些名牌大学已将其作为总分的20%计入录取成绩。那些学科成绩优良、课外活动表现突出的学生，往往成为各大学竞相录取的对象。

总之，实施素质教育应是多渠道、多途径的。基本途径有课内、课外、校内、校外。学校要多途径实施素质教育，政府要领导，全社会要支持。实施的渠道不应有主次之分，犹如五大素质没有主次之分一样。素质教育的效果应从整体去衡量，学生素质的高低应综合起来评估。如果说推进素质教育这场"战斗"，决定胜负、成败的关键在课堂，其他渠道只起配合作用，则不利于学生的全面发展。

（三）全面推进素质教育应树立的基本观点

1.素质教育实质上就是全面发展教育

这是要树立的第一个基本观点。素质教育在酝酿准备和起步阶段，有过许多定义，这些定义模糊了素质教育的实质。实施素质教育，就是全面贯彻教育方针。而使学生全面发展，是现行教育方针的核心内容，已经写入《中华人民共和国教育法》，有法律权威。教育工作者必须明确素质教育的实质，牢牢把握全面发展这个核心。

2.实施素质教育要着眼于提高学生的全面素质

这是要树立的第二个基本观点。所谓提高学生的全面素质，即促进学生德智体美劳全面发展，而不是只提高某一方面的素质。一些人以为变"应试教育"为素质教育，就是发挥学生的特长，把素质教育等同于培养学生特长的教育，这种看法是片面的。培养学生的特长是需要的，但必须在全面提高学生基本素质的基础上去发展学生的特长。

3.实施素质教育，必须减轻学生的过重负担

这是要树立的第三个基本观点。学生课业负担过重，主要表现在学习时间过长，作业量过大，考试过多，各种竞赛活动和学习资料泛滥成灾，造成的后果是严重影响学生的全面发展，损害学生的健康，挫伤学生的学习积极性。因此，要实施素质教育，就必须减轻学生的过重负担。

第三节　依法治校

一、依法治校概述

依法办学、依法治校是新形势下教育管理方式的根本变革。《中华人民共和国宪法》明确规定："中华人民共和国实行依法治国，建设社会主义法治国家。"2010年7月，《国家中长期教育改革和发展规划纲要（2010—2020年）》发布，提出了"大力推进依法治校"的学校管理体制改革目标。2012年12月，

教育部印发了《全面推进依法治校实施纲要》，对在各级各类学校中如何深入贯彻科学发展观，全面落实依法治国要求，大力推进依法治校，建设现代学校制度进行了部署。2017 年 10 月，党的十九大明确全面推进依法治国总目标是建设中国特色社会主义法治体系、建设社会主义法治国家，为依法治校进一步指明了方向。2017 年 12 月，教育部印发了《义务教育学校管理标准》，首次全面系统地梳理了我国义务教育学校管理的基本理念、基本内容、实施要求，从保障学生平等权益、促进学生全面发展、引领教师专业进步、提升教育教学水平、营造和谐美丽环境、建设现代学校制度等六大方面，明确了学校的主要管理职责。

全面理解依法治校的含义及其现实和历史意义，并在此基础上把握依法治校的原则，对提高依法治校的自觉性和实践能力具有重要作用。

（一）依法治校的含义

所谓依法，是指依照法律、法规的规定。这里的"法"，是从最广义的角度来理解的。它既包括国家的法律、行政法规和规章，也包括地方性法规和规章，还包括学校章程及学校内部的规章制度。学校内部的规章制度虽然不具有严格的法规意义，但它是根据国家法律法规的授权或规定，通过校内的民主程序而制定的，反映了学校师生的共同利益，在学校内部具有普遍的约束力，因而，也可以看成是"法"的延伸构成部分。所谓"治"，是指治理和管理。管理是教育活动有序发展本身内在的要素之一。因此，依法治校就是依照教育法律、法规所规定的权限和程序来管理学校。从教育法规的作用形式来看，依据教育法律规范来约束管理对象的教育行为和约束管理者自身的管理行为是依法治校不可分割的两个方面；从学校主体来看，依法治校的内容包括校长及其他行政管理者对学校事务与人员的管理，教师依法执教和对学生的管理。依法治校是依法治教的重要组成部分。

依法治校是对法治化的学校管理体制下学校管理活动及其管理行为性质的概括。它承认权力来源于法律的授权，权力的行使者必须遵从法律的规定，其个人主观意志必须服从于法律所体现的国家意志。我国提出依法治校，有其深刻的历史经验教训和现实需要的社会背景。我国自经济领域由计划经济向市场经济全面转轨以来，社会主义法治建设受到空前的重视，并从静态的法律制度建设转向了动态的管理行为法治化建设。21 世纪的中国是民主与法治不断走向完善的国家。国家要依法治国，要求行政部门实行依法行政，学校也必然要实行依法治校。贯彻依法治校是提高学校管理效率的重要保障，而提高学校管理效率也是实行依法治校所要追求的价值目标之一。学校是一种组织系统，其良性运行也需要解决系统运转机制设置与维护、系统内部及各要素之间的关系顺畅等问题，而法律规范手段的运用则可以为这种良性运行机制及顺畅关系的形成提供保证。制定有关法规和规章，可以使学校组织系统科学设置运转机制，明确各要素之间的权利和义务关系，使它们的权责分明，从而使学校内部管理工作规范化，教育决策民主化，教育关系有序化，办学模式科学化，最终实现学校内部关系健康、顺畅，整个系统设置合理、科学，具有凝聚力且运转自如，以较低的政治和经济成本，获得较高的管理效率。

在理解什么是依法办学、依法治校上，应避免以下三个误区：

一是认为依法管理就是管理者用法律作为武器去管理教师和学生。全面的依法办学、依法治校，不仅包括运用"法"的形式来规范和约束管理对象的教育行为，也包括对管理者自身的管理行为的规范和约束。依法办学、依法治校要求学校管理活动及其管理行为依照法定的权限和程序而做出，不能以管理者的个人主观好恶影响管理行为，因而对管理主体自身如何依法进行管理提出了更高的要求。

二是认为法律法规就是要求人们履行义务，对人们起约束作用。这种认识是片面的。现代法律从本质上说，是以权利为本位的，是为了维护人们的平等权利才要求人们履行一定的义务。而人们也只有在履行了应尽的义务时才能使自己的权利获得最大的保护。例如，考生只有遵守考场规则，才能使自己的受教育权获得法律的保护。

三是认为依法治校就是"以罚治校"。在现实中，有些学校管理手段片面化、简单化，似乎一讲到法就理解为"罚"。虽然"罚"也确实是法的基本职能的一个重要方面，但是更应该看到，法还具有保护人们权利、引导和评价人们行为等功能。现代法律更注重的是后者，即要求现代社会公民能够做到主动守法，依法行使权利，并自觉履行法定义务。法律要维护人们的正当权益，"罚"只能起到法律实施的辅助或弥补作用。

（二）依法治校的意义

实行依法治校在我国具有重大的现实意义和深远的历史意义，具体表现在以下五个方面：

1.依法治校是科教兴国战略得以实现的重要保障

我国自从20世纪90年代确立了"科教兴国"战略后，加强了教育在社会经济发展中优先发展战略地位的落实。党和国家多次发布重要文件，阐述了科教兴国和人才强国的战略思想。1997年，党的十五大报告明确提出："要切实把教育摆在优先发展的战略地位。"2001年发布的《国务院关于基础教育改革与发展的决定》指出："基础教育是科教兴国的奠基工程，对提高中华民族素质、培养各级各类人才，促进社会主义现代化建设具有全局性、基础性和先导性作用。保持教育适度超前发展，必须把基础教育摆在优先地位并作为基础设施建设和教育事业发展的重点领域，切实予以保障。"2002年，党的十六大报告强调："教育是发展科学技术和培养人才的基础，在现代化建设中具有先导性全局性作用，必须摆在优先发展的战略地位。"2007年，党的十七大报告指出"教育是民族振兴的基石"，要"优先发展教育，建设人力资源强国"。2012年，党的十八大报告提出了"教育是民族振兴和社会进步的基石"，要"努力办好人民满意的教育"。2017年，党的十九大报告进一步提出："建设教育强国是中华民族伟大复兴的基础工程，必须把教育事业放在优先位置，深化教育改革，加快教育现代化，办好人民满意的教育。"义务教育是基础教育中最基础的部分，关系着每个国民一生的发展和幸福，也关系着国民整体素质的提高和国力的增长。只有将符合科教兴国战略规律的措施和手段加以立法化，并通过依法治校的形式予以贯彻落实，党和国家的科教兴国战略才能实现。经过多年的教育立法与执法实践，国家在教育事业的发展和教育投入的保障方面成绩斐然，不仅提高了公民的受教育质量，也培养了大批合格的社会主义现代化建设者和接班人。

　　2.依法治校是促进和保护教育改革成果的重要保障

　　依法治校是学校管理方式的重大变革。加强学校办学自主权是国家改革政府与学校关系的重要举措，也是教育管理体制改革的重要成果，有利于调动广大教育人员参与办学的积极性，培养21世纪创新型人才。由于教育法规具有指引功能，常常会将教育改革的成果，如一些成功的经验和做法以法律条文的形式规定下来，以普遍实施。因而，只有依法举办学校、依法治理学校，才能做到对教育改革成果的促进和保护。

3.依法治校是促进学校管理科学化、民主化，维护教育秩序和教育公平的重要保障

实现学校管理科学化、民主化，是学校管理体制改革的方向。2017 年 12 月，教育部印发的《义务教育学校管理标准》，是提升我国义务教育学校管理标准化、规范化、制度化水平的重要举措，促进了学校管理的科学化、民主化。

学校进行民主管理，是国家民主管理原则在学校的具体运用，它意味着学校师生有权参与学校管理，意味着广大教师有权参与学校的决策。学校民主管理的实现，依靠教育法规作保障。

参与学校内部民主管理，是教师的一项基本权利。《中华人民共和国教师法》规定，教师有"对学校教育教学、管理工作和教育行政部门的工作提出意见和建议，通过教职工代表大会或者其他形式，参与学校的民主管理"的权利。只有通过教育立法，制定系统的规范学校各项管理活动的法律规范，建立完善的学校管理制度，使学校管理工作科学化、民主化，才能建立稳定的学校教育教学秩序，使学校自身得到良好的发展。

4.依法治校是全面贯彻教育方针的保障

实行依法治校就是要求在学校教育教学活动中贯彻落实国家的教育法规。而教育法规的实施，是全面贯彻党和国家的教育方针的基本保证。教育方针是党和国家制定的引导教育事业前进的方向和目标，是教育基本政策的总概括。党和国家的教育方针，确定了我国教育的社会主义性质，明确了教育目的在于培养德智体美劳全面发展的社会主义建设者和接班人。然而，长期以来，教育方针没有得到全面贯彻，部分学校不重视引导学生系统地学习基础知识和掌握基本技能，片面追求升学率；只重视智育，不能全面评价学生；加重学生的课业负担，导致学生身心健康水平和思想道德素质下降等问题。这是由于部分学校办教育主要靠人治，而不是靠法治，因而使错误的教育指导思想有机可乘。只有通过教育立法，使教育方针具体化，实施制度化，并使其实施具有强制性，才能保证对教育方针的全面贯彻执行，培养出全面发展的人才，更好地发挥教育为社会主义建设服务的功能。

5.依法治校是国家法治建设的基础工程

学校实行依法管理的意义，不仅仅在于避免人情世故对教育事业和学校的健康发展所造成的人为干扰，使学校系统形成规范化、有序化、科学化、民主化的相互关系和管理模式，还在于使年轻一代在成长过程中受到法治的熏陶，养成依法办事的观念和习惯，成为法治国家的合格公民。因而，实行依法办学、依法治校，既是保障学校教育教学改革健康发展的需要，也是培养具有民主与法治意识、适应未来社会生活的年轻一代，从而促进全社会的民主与法治发展进步的需要。实行依法治校有其深远的社会意义。

（三）依法治校的原则

依法治校作为一种运用法律手段进行管理的活动，应当遵循以下六个原则：

1.权利和义务相对称原则

要实现依法办学、依法治校，就必须理顺人们之间的权利和义务关系。因为法律的内容从本质上讲，就是规范人们之间的权利和义务关系的。权利和义务是法律关系的核心内容，是相互联系、相互依存的，权利的一方总是依相应的义务一方而存在，权利一方权利的实现依赖于义务一方义务的履行。任何"良法"的首要标准就是公平和正义，而公平就是通过主体的权利和义务之间的平衡来实现的。因此，不能把权利和义务割裂开来，片面强调权利的享有或者义务的履行。依法办学、依法治校必须确保教育权利和义务的相对称。这一原则可以从以下三方面理解：

第一，受教育的权利和义务在法律规定的条件下是对称的。如《中华人民共和国义务教育法》第四条规定："凡具有中华人民共和国国籍的适龄儿童、少年，不分性别、民族、种族、家庭财产状况、宗教信仰等，依法享有平等接受义务教育的权利，并履行接受义务教育的义务。"在这里，适龄儿童、少年接受义务教育的权利和义务是对称的。接受义务教育既是适龄儿童、少年的权利，同时完成与其受教育权利相对称的学习任务又是他们应尽的义务。

第二，权利和义务相对称原则，也体现在适龄儿童、少年受教育权利的实现与国家、社会、学校和家庭保障适龄儿童、少年受教育权利实现这一义务的履行的对称上。如《中华人民共和国义务教育法》第五条规定："各级人民政府及其有关部门应当履行本法规定的各项职责，保障适龄儿童、少年接受义务教育的权利。""适龄儿童、少年的父母或者其他法定监护人应当依法保证其按时入学接受并完成义务教育。""依法实施义务教育的学校应当按照规定标准完成教育教学任务，保证教育教学质量。""社会组织和个人应当为适龄儿童、少年接受义务教育创造良好的环境。"义务教育适龄儿童、少年主要是未成年人，如果国家、社会、学校和家庭不履行义务，不为他们提供接受义务教育的条件，他们接受义务教育的权利就难以得到保障。

第三，权利和义务相对称原则，还体现在行使教育管理职能的机构的教育管理的职权与职责的对称上。有什么职权也就有什么职责，教育管理部门在行使管理职权的同时也履行了其管理义务。如学校管理部门依法组织学校教学活动，安排学校各项工作，既是其拥有的一项职权，同时也是其必须履行的一项职责，既不能放弃，也不能转让，更不能滥用。

2.平等性原则

平等性原则是我国宪法确立的一项法律实施原则，《中华人民共和国宪法》第三十三条规定："中华人民共和国公民在法律面前一律平等。"法律面前人人平等体现了公平与正义的法律精神。教育法规是国家法律的一个重要分支，在教育法规实施过程中，也必须遵循平等性原则。这一原则具体体现为：①任何公民都平等地享有教育法律规定的权利；②任何公民都必须平等地履行教育法律规定的义务；③教育为每个公民提供平等的竞争机会，任何公民不得有超越教育法规限定的教育特权；④任何公民关于教育方面的权益受到侵害时，一律平等地受到法律规范的保护；⑤对任何公民违反教育法规的行为，必须平等地追究法律责任，依法给予同等的制裁。实行依法治校，就是遵循法律的要求管理学校，因而也必须贯彻平等性原则。

3.守法原则

守法是我国宪法规定的一项基本原则，《中华人民共和国宪法》规定："一切国家机关和武装力量、各政党和各社会团体、各企业事业组织都必须遵守宪法和法律。一切违反宪法和法律的行为，必须予以追究。任何组织或者个人都不得有超越宪法和法律的特权。""中华人民共和国公民在法律面前一律平等。""任何公民享有宪法和法律规定的权利，同时必须履行宪法和法律规定的义务。"因此，守法是法治社会对社会主体的一项基本要求，是任何国家机关、社会组织和公民在做出一定社会行为时都必须遵守的原则。只有在人人依法行使权利、依法履行义务的情况下，法律所赋予每个人的平等权利才有所保障。在依法治校中，不仅教育管理对象要守法，教育管理者自身也要守法。因而，守法也是依法治校本身应有的含义，是实现依法治校的基本途径之一。

4.公开透明原则

实行依法治校的目标之一，是充分保障广大教职工参与民主决策、民主管理、民主监督权利的实现，因此依法治校必须贯彻公开透明原则。只有做到公开透明，才便于广大教职工参与管理和决策，才便于监督，体现公正，并能使依法治校过程成为法治教育过程。由于依法治校要求维护教育管理部门的权威性，体现法治的强制性特征，其依法管理的结果往往是对管理对象的教育权利和义务的实现产生影响，为避免教育管理权的滥用，必须贯彻公开透明原则，落实监督制度，真正做到客观、公正地依法治校。只有这样，才能保证依法治校的实施符合社会主义教育法治建设的要求，符合国家和人民的根本教育利益。

5.有法可依、有法必依、执法必严、违法必究原则

依法治校必须贯彻有法可依、有法必依、执法必严、违法必究原则。这一原则的确立是维护教育法律的权威性和教育法治的严肃性所要求的，它包含了法治运行动态过程的各个阶段。因此，贯彻这一原则：首先，要求完善教育法规体系；其次，要求在执法中做到坚持以事实为依据，以法律为准绳；最后，要求做到严格执行法律法规，对违法行为必须予以追究。

6.教育性原则

贯彻教育性原则，要求在依法治校的过程中把守法、执法和法治教育结合起来，以说服教育为主，强制处罚为辅，使教育主体自觉做到学法、知法、守法和执法。依法治校能否取得实效，首先取决于教育主体对教育法规内容的认

识和理解的程度。人们只有掌握了教育法规内容，正确认识了教育法规的含义，才有可能自觉守法。因此，要通过依法治校，宣传教育法规和法治观念，使教育法规逐步为人们所认识和理解。人们应该清楚地认识到，不仅制裁违法行为对人们具有教育作用，守法行为对人们的行为也具有示范和导向作用。这种具有教育性的示范和导向作用，又会成为顺利实现依法治校的条件。因此，在依法治校的过程中，必须贯彻教育性原则，教育人们自觉地遵守教育法律规范、学校规章制度和相应行为准则。

二、实现依法治校的条件

在我国各级各类学校中建立起完善的依法治校管理机制的必要性和紧迫性是显而易见的。依法治校管理机制的建设和完善是一个渐进的过程，这个过程既包括物质载体的转换过程，也包括观念意识的转变过程。因此，必须创造一定的条件，才能促使依法治校顺利展开。

（一）树立依法治校观念

依法治校的实施要求学校内部各教育主体树立教育法律意识。教育法律意识是人们关于教育法规的知识和思想观点的总称，包括人们对教育法规的本质、作用的认识，对现行教育法规的评价和态度，以及对建立健全教育法律制度、实行依法治教的要求，等等。教育法律意识的产生是教育者形成法治思维、树立法治信仰的体现。由于教育法规以确立人们之间的教育权利和义务关系为内容，教育守法行为主要表现为在教育法规允许的范围内享有教育权利，按照教育法规的规定履行教育义务，因而教育法律意识还应包括教育权利和义务意识。教育法律意识作为人的一种自觉的心理活动，对教育法规的实施以及依法治校的落实具有巨大的能动作用。教育法律意识是使依法治校的学校管理机制得以运行的动力和润滑剂。对依法治校的认识作为一种观念形态是教育法律意识的重要内容。教育法律意识是在知法、懂法的基础上，在依法办教育的实践中逐步形成的。意识产生于实践，又会反作用于实践。教育法律意识一旦形成，就会促使人们产生教育守法行为，并养成教育守法习惯。

树立依法治校的观念要求学校领导者转变长官式的领导作风。实行依法治校要借助教育法规来明确学校内部各教育主体的权利和义务、地位及其相互关系。在建立起依法治校管理机制的条件下，校长负责制并不是长官意志制。校长所行使的权力必须能够代表、反映学校集体利益的共同意志。校长权威的树立应以学校成员确信他能够代表大家的共同利益为基础，而不是建立在他所处的职位和握有的权力对学校成员的命运构成一定威胁的基础之上。学校领导者不仅要能够代表学校成员的共同利益，而且要善于使学校成员了解他的这种意图。为此，学校领导者要在进行管理决策以及开展各项管理工作时，实行校务公开制度。学校领导者的民主作风是实行依法治校的必要条件之一。

树立依法治校的观念要求教师改变传统的师生关系观念。教师应当把学生看作具有主体地位的人，"一日为师，终身为父"固然体现了教师的权威地位和学生尊重教师的意识，但这是建立在"父为子纲"的伦理基础之上的师生关系观念。在这种观念下，教师不可能与学生建立起民主、平等的关系，也就谈不上尊重学生的人格。而且不消除这种观念，也就难以禁绝打骂学生等侮辱或体罚学生的现象。基础教育要开展素质教育，说到底，就是要为提高国民素质服务，把学生培养成未来的社会合格公民。要做到这一点，教师应该在学生的成长过程即受教育过程中就把他们当作公民来看待。事实上，我国法律制度承认未满 18 周岁的青少年儿童具有未成年公民的地位。教师打骂、体罚学生的行为，应上升到侵犯公民人身权利的高度来认识。教师应当探讨、研究符合儿童和少年身心发展规律、行之有效的教育方法，摒弃一切简单、粗暴、对学生身心发展有害的教育方法，在教育教学工作中做到依法执教。

依法治校观念的树立以各教育主体知法、懂法为基础。法律是不可能自行作用于社会生活的。它必须通过一定社会主体的遵守和执行，将其用于处理社会生活实践中人与人之间的关系，做到有法必依、违法必究，才能发挥其实效。因而，学校各教育主体对有关教育法规内容和知识的了解与掌握是实行依法治校的必要条件。

知法、懂法应当做到对教育法规的全面掌握和理解。一些人以义务本位为出发点，认为法律的作用主要是规范人们的行为，强制人们履行某些义务。这种理解是片面的。法律的作用不仅在于对人的行为的约束，要求人们履行某些义务，更在于对人们的权利的保护。在法律范畴内，权利和义务是相互依存、不可分割的。"没有无义务的权利，也没有无权利的义务"，是马克思关于权利和义务关系的最经典概括。在知法、懂法基础上的守法，不仅是履行义务的过程，也是行使权利的过程。所以各教育主体对教育法规的学习和掌握不能停留在只是从表面上了解它要求自己做什么，还应能够全面地把握它对相关教育权利保护的真实意图。各教育主体只有从这一深层含义来把握教育法规，才能形成自觉守法的自我要求。

（二）制定学校章程

依法治校要求规范办学，而具备完善的学校章程是学校办学规范的重要标志。《中华人民共和国教育法》第二十七条规定，设立学校及其他教育机构必须"有组织机构和章程"。

教育部于 2017 年 12 月印发的《义务教育学校管理标准》规定，为建设现代学校制度，学校应该"依法制定和修订学校章程，健全完善章程执行和监督机制，规范学校办学行为，提升学校治理水平"。学校章程是学校最基本的规范性和纲领性文件，是为了保证学校自主管理和依法治校，根据《中华人民共和国教育法》的规定，以条文形式对学校的办学宗旨、主要任务、内部管理体制和财务活动基本制度等重大事项做出全面规定而形成的规范性文件。因此，学校章程是学校自主管理与政府监督管理的基本依据。学校的其他规章制度的制定不得与学校章程相违背。中小学校的章程应当包含以下内容：①学校的名称和地址；②办学宗旨和学校性质及特色；③办学规模及其结构；④学校内部管理体制；⑤学校经费来源和财务管理制度；⑥举办者与学校之间的权利和义务；⑦教师、其他教育工作者和学生的权利与义务；⑧章程修改程序；⑨校徽、校旗、校歌、校庆日等；⑩其他必须由章程规定的事项。

（三）建立健全学校规章制度

依法治校首先要有法可依。目前，我国已经加快了教育立法的步伐，从中央到地方都在逐步完善教育法规体系。我国的教育法规也正在形成一个以宪法为依据，以教育基本法为母法，以最高权力机关制定的教育法律为主干，其他国家机关制定的不同层次法规、规章为实施支撑的层次完备的系统。然而，由国家政权机关所制定的教育法规中所确立的教育法律行为规则有许多内容是针对各种学校的共性问题，对一般教育行为模式的规定，处于不同地区、不同级类的学校在操作上仍然存在特殊性。这就要求学校根据自身的具体情况，在法律授权范围内，把国家确立的一般教育法律行为规则转化为具体的操作规则，制定内部的规章制度。因此，依法治校中的法不仅指国家政权机关制定的有关教育法规，还应包括学校内部制定的有关规章制度或其他贯彻落实教育法规的有关措施。

完善学校内部规章制度，包括建立健全各项管理工作规章制度、学校民主管理监督制度、校内师生申诉制度等。

学校各项管理工作包括教育教学管理工作、体育卫生管理工作、教师学生管理工作、学校物资设备及财务管理工作、学校安全管理工作等。学校必须依据国家的法律法规，制定具体的管理规章，使各项管理工作制度化、规范化，使依法治校具有形式保障。

教职工代表大会制度是我国在多年的实践中摸索出来的有效的民主管理制度之一。《中华人民共和国宪法》第二条规定"人民依照法律规定，通过各种途径和形式，管理国家事务，管理经济和文化事业，管理社会事务"。据此，《中华人民共和国教育法》第三十一条明确规定："学校及其他教育机构应当按照国家有关规定，通过以教师为主体的教职工代表大会等组织形式，保障教职工参与民主管理和监督。"学校教职工代表大会属于非行政性合法正式组织，能够最直接地反映教师的利益与要求，是保障教师权利和义务的重要组织形式。凡是涉及教职工切身利益及学校发展的重要事项，如学校改革与规划、评优评先、职称评定、福利分配、培训等方面的工作，都应当提交教职工代表大会讨论通过。随着学校办学自主权的扩大和教师管理体制的变革，教职工代表大会对教师权利和义务实现的保障作用将日益强化。通过教职工代表大会参与学校管理既是教师参与学校民主管理的权利，也是国家以法律制度的形式确立的体现教师主人翁地位的组织形式。这种组织形式将法律授予教师个人参与民主管理的权利转化成为一种组织权力，并对学校决策发生影响。

学校还应该明确保障与学生及其家长沟通的途径。学生是学校教育的直接受益人，学校应该考虑学生的需求，听取学生及其家长的意见，及时与家长保持交流，共同做好教育学生的工作。

校内申诉制度是指学生、教师对学校的有关职能机构或人员做出的有关处理决定不服，或认为其有关具体行为侵犯了自身的合法权益，向学校申请依照规定程序进行审查处理的制度。学校建立和完善校内申诉制度，既是学校依法办学、依法治校的标志之一，也是学校管理以人为本法治精神的体现。由于申诉过程对学校相关行为的合法性、合理性起到了审查、监督的作用，避免对学生和教师的错误处理，因而对维护学校师生权益具有重要作用。同时，申诉可以将矛盾"消化"在校内，有助于维护学校办学秩序的稳定。

学校应当制定本校的申诉受理办法，成立由学校领导、部门负责人、教师代表、家长代表和学生代表组成的教师、学生申诉受理委员会，按照法定的程序和步骤处理教师或学生的申诉，以维护师生的权益。

学校在制订内部规章制度时，要考虑制度的完整性，既要有实体性规范，也要有程序性规范，不仅要告诉人们应该或者可以做什么，也要告诉人们应该怎么做。

学校在制订内部规章制度时，还必须注意其内容与程序的合法性。学校规章制度的内容不得与国家教育法规的有关内容相抵触，必须是在教育法规所确立的法律原则所允许的限度之内，其制定程序必须符合法定的民主集中制程序。在现阶段，我国规定学校应通过教职工代表大会，保障教师参与学校民主管理与监督的权利，学校内部规章制度必须经由教职工代表大会讨论通过才具有合法性。

（四）建立校务公开制度

校务公开是一种高透明度的学校管理形式，这种管理形式适应了法治的公开、公正以及管理民主化的要求。

1.校务公开的形式

校务公开可以有多种形式。根据《义务教育学校管理标准》规定，可以从"定期召开校务会议""设置信息公告栏，公开校务信息，公示收费项目、标准、依据等，保证教职工、学生、相关社会公众对学校重大事项、重要制度的知情权""建立问题协商机制，听取学生、教职工和家长的意见和建议""发挥少先队、共青团、学生会、学生社团的作用，引导学生自我管理或参与学校治理"等方面落实。此外，还可以通过学校领导年度述职报告或者学校年度计划执行情况评估等方式进行。

2.校务公开的内容

校务公开的内容，一般而言，主要包括重大事项、校务管理事项和财务管理事项等方面。

学校的重大事项主要包括学校的发展目标和规划、人事制度改革等重大的改革方案，人事任免情况，设备购置信息，等等。

校务管理事项主要包括校长任期目标，干部职责分工及其责任目标，教职工职称评审、聘任与评优评先，各项规章制度建设，教学安排，招生情况及学籍管理规定，期末考试情况，教研活动的安排、承担人，以及领导干部民主评议与奖惩情况，等等。

学校财务管理事项主要指各项经费收支的基本情况，如：涉及基建、修缮工程的预算、招投标、验收、决算、审计结果；有关教学器材与用具及资料的购买支出情况；向学生发放助学金的情况，包括学生的姓名、人数、领取金额以及相关政策依据；教职工的奖金、课时补贴、干部职务补贴等分配依据和结果；教职工绩效工资的考核发放以及住房补贴的发放情况。

有些涉及家长和社会公众关心的事项，还应当以适当的方式向家长和社会公开，如学校收费依据、项目及标准，招生与分班的基本情况，等等。

实行校务公开，不仅便于社会监督，也有利于加强学校办学的社会责任感，能够促进学校及其管理者自觉、主动地落实依法治校。

（五）加强教育工作者职业道德建设

依法治校虽然主要是法律问题，但是由于道德在预防违法方面所具有的独特功能，教育法治的健康发展还有赖于教育工作者道德水平的提高。教育法治建设的基本目标之一是促进各种教育关系的和谐，保障教育秩序的稳定。社会教育道德水平的提高有利于教育法治建设这一目标的实现，建立于较高道德水平之上的教育法治更具有现实可行性。同时，教师职业的特点也要求教师能够自律。因而，加强教育工作者的职业道德建设对教育法治的实施具有重要的推动作用。

三、学校常见法律纠纷及其解决

当前，学校经常会由于各种原因产生一定的法律纠纷。以下对学校安全事故纠纷、侵犯学生财产权现象、侵犯学生受教育权现象以及社会侵权现象等学校常见的法律纠纷问题进行分析。

（一）学校安全事故纠纷

学校是学生群集的场所，安全问题必须引起高度重视。在我国中小学校中，比较常见的安全事故主要有以下几类：

1.校舍建筑不符合标准导致的事故

符合安全标准的学校校舍建筑，不仅可以为学校师生的教学活动提供安全保障，而且在发生灾害时，还可以成为救灾的安全岛。例如，据报道，2014 年 8 月 3 日云南鲁甸发生地震，许多房屋建筑倒塌，而鲁甸县龙头山镇龙泉中学于 2009 年在国家校安工程中建成的教学楼和学生宿舍仍然挺立，并临时改建为抗震指挥部。原来，在汶川大地震之后，国家于 2009 年启动全国中小学校舍安全工程，在全国中小学校开展抗震加固、提高综合防灾能力建设，使学校校舍达到重点设防类抗震设防标准，并符合对山体滑坡、泥石流、地面塌陷、洪水、台风、火灾、雷击等灾害的防灾避险安全要求。可见，党和国家一贯重视学校的危房改造和学校建筑的标准要求。然而，部分学校校舍及其附设建筑仍然存在安全隐患。

如 2010 年 3 月，某小学户外黑板报墙体倒塌，正在出黑板报的 7 名学生中的 5 名五年级女生被压死，2 名学生受伤。事故发生后，该小学的校长等直接事故责任人被停职接受调查。

校舍是学生在校期间进行学习活动的主要场所，属于人群密集场所，必须有较高的安全系数，因为这直接关系着学校师生的生命健康权。我国的教育法规和有关政策多次对校舍安全问题进行强调和规范，对校舍的选址、建筑质量等都提出了明确的要求。特别是在 2008 年汶川大地震后，教育部办公厅与国家发展改革委办公厅就对 22 个省份联合下发《关于进一步加强中西部农村初中校舍改造工程质量管理的通知》。该通知明确指出："各级教育行政部门应组织专家对项目建设场址周边地质、交通、环境等主要条件进行科学评测。必须避开地震断裂带、低洼地、滑坡地段、泥石流地区、洪水沟口或泄洪区等自然灾害频发地段"。可见，该通知重点强调了校舍的选址以及相关的建设标准。

校舍从安全用房到危险用房也是变化的。学校校舍建筑属于学校的硬件设施，使用年限一般比较长。但是，由于建筑校舍时所使用的建筑材料和建筑技术不同，建筑质量不同，它们的使用寿命的长短会相差很远。

国家对修缮和改造危房的问题是高度重视的。特别是随着九年义务教育制度的发展和完善，国家通过多渠道筹措教育经费的体制，加大对基础教育投入的比例，并明确了地方各级人民政府的有关责任，来保障学校基本建设需要，学校危房的比例已大大下降。但也要看到，我国个别地区由于经济基础比较薄弱，有些学校，特别是一些乡村学校的校舍建设还是比较落后的，每年会有相当一部分校舍，由于各种原因变成危房。例如，地震、洪水等自然灾害发生后，有些校舍的安全使用年限会大大缩短。所以，每年都可能有一些新的危险校舍产生。学校和地方政府及其有关行政部门对此不可掉以轻心，应当经常对校舍进行检查，以防患于未然。2013 年 11 月，国务院办公厅转发教育部等部门《关于建立中小学校舍安全保障长效机制意见的通知》，其中明确规定了从建立校舍安全年检制度、完善校舍安全预警机制、建立校舍安全信息通报公告制度、完善校舍安全隐患排除机制、严格校舍安全项目管理制度、健全校舍安全责任追究制度等六个方面建立健全校舍安全保障长效机制。

此外，学校在验收新校舍时，一定要严格按照国家规定的安全指标检验，以免留下安全隐患。

除了保证校舍建筑的安全系数，对学生的安全教育与逃生技能培养也是不可缺少的环节。在2008年汶川大地震中，四川安县桑枣中学全校2 300多名学生仅用了1分36秒便从教学楼中疏散到操场并集合完毕，"无一人伤亡"，该校校长叶志平被誉为"最牛校长"。那么，该校是怎么做到的呢？

一是当地教育局十分关注本地处于地震带上这个事实，并统一规定每周上安全教育课。该校对此认真执行，对每周的安全教育课从内容、备课、检查、考核都进行了详细的规定。

二是学校专门制定了应急疏散的方法和预案，对疏散演习的每个环节也都进行了规定，同时还在实践过程中不断完善演习方案。在每学期组织一次紧急疏散演习时，让人计时，不比速度，只讲评各班级存在的问题。就这样，他们做一次，总结一次，修改一次，使之逐渐完善。

三是重视校舍建筑安全，不惜资金不断加固危房。据称，该校有一幢20世纪80年代建起来的楼房，叶志平校长为加固它花费了40万元。起初很多人不理解，并表示反对。但是，没想到就是因为叶校长的"固执"，拯救了数千名师生的生命。

2.学校未尽教育、管理与保护职责导致的事故

根据有关规定，学校应对学生尽到教育、管理和保护之责。然而，在现实中，个别学校掉以轻心，未能建立完善的安全责任制，导致一些重大安全责任事故发生。例如，2013 年 2 月，某小学发生一起因拥挤引起的踩踏事故，造成 4 名学生死亡，7 名学生受伤。后经事故联合调查组调查发现，在当日 6 时许，值班老师张某某、杜某某没有按时打开一楼铁门，致使急于出门的学生们下楼时相互拥挤，之后发生踩踏，最终酿成 4 死 7 伤的悲剧。虽然事故的发生有其客观原因，如出事的宿舍楼是由一幢教学楼临时改建的，2~8 楼的 8 间教室里住着 502 名一至五年级的学生，全楼仅有一个上下的楼道。按照学校的作息时间，这些住校生要在 6 点 10 分赶到各自的教室上早自习。这意味着一楼的铁栅门 6 点钟打开后，短短 10 分钟内，500 余名学生要从这里鱼贯而出，狭窄的楼道已经埋下了事故的隐患。但正因为如此，学校及其工作人员更应该严格采取安全管理措施，不能掉以轻心。然而，无论如何，逝去的生命都无法挽回，这起事故的教训是非常惨痛的。因此，学校应该加强安全责任制度的建设。

3.侮辱学生导致的事故

在学校中，由部分教师的教育方法而导致学生受到伤害的事故时有发生。

例如，初二男生小周从一幢 19 层高楼的楼顶跳下，当场身亡。后经调查了解到，小周是由于受不了班主任周某的侮辱、嘲笑而自杀的。这是一个不该发生的、令人痛心的学生自杀事件。周某作为教师，采用的教育方法违背了教育法规，应负一定的法律责任。

中小学生虽然未成年，但也具有国家公民身份，他们和成年公民一样享有法律规定的各项人身权利，他们的生命安全不应受到侵害、人格尊严不应受到侵犯。由于中小学生未成年，缺乏自我保护的能力，我国专门制定了《中华人

民共和国未成年人保护法》，要求学校、家庭、社会等各方对他们所享有的权利给予必要的保护，其中第二十八条规定："学校应当保障未成年学生受教育的权利，不得违反国家规定开除、变相开除未成年学生。"第二十九条规定："学校应当关心、爱护未成年学生，不得因家庭、身体、心理、学习能力等情况歧视学生。对家庭困难、身心有障碍的学生，应当提供关爱；对行为异常、学习有困难的学生，应当耐心帮助。"学校对学生的保护在很多情况下，是通过教师来直接实施的。《中华人民共和国教师法》明确了教师的有关权利和义务，其中第八条第四项的内容为"关心、爱护全体学生，尊重学生人格，促进学生在品德、智力、体质等方面全面发展"；第八条第五项的内容为"制止有害于学生的行为或者其他侵犯学生合法权益的行为，批评和抵制有害于学生健康成长的现象"。由这些规定可以看到，教师不仅自己不能侵犯学生的人身权利，还负有保障学生合法权益不受他人侵害的责任。

小周的父母到法院提起刑事附带民事诉讼，控告小周的班主任周某，提出周某侮辱、嘲笑小周的行为，以及小周自杀当天周某的粗暴教育行为触犯了《中华人民共和国刑法》第二百四十六条。

法庭在审理过程中，对周某的行为是一般违法错误，还是"犯罪"行为的认定上争议较大。违反法律的行为可以分为两种：一种称为一般违法行为；另一种称为犯罪行为。一般违法行为是指一定社会主体由于过错而违反法律，使社会关系和社会秩序受到破坏的行为。对一般违法行为，通常采用民事制裁或行政制裁的手段来追究责任。犯罪则是指主体的行为违反了《中华人民共和国刑法》，具有严重社会危害性，使国家或其他公民的权益受到严重损害，应该受到《中华人民共和国刑法》惩罚的行为。对于犯罪行为，主要采用刑事制裁手段来追究法律责任。对犯罪行为造成的经济损失，还可以在刑事诉讼的同时附带民事诉讼，要求犯罪人在承担刑事责任的同时，也承担一定的民事责任（主要是经济赔偿责任）。

教育违法行为中同样也存在这两种情况。所以《中华人民共和国教师法》第三十七条规定，教师如果体罚学生，经教育不改，或品行不良，侮辱学生，影响恶劣，则由所在学校、其他教育机构或者教育行政部门给予行政处分或者解聘；当上述情况发生时"情节严重，构成犯罪的，依法追究刑事责任"。至于追究哪一种刑事责任，还要依据所犯罪行的严重程度和有关的刑法条款来具体确定。

在此案中，周某的行为之所以不易界定，主要是因为其对学生小周所造成的损害是一种精神损害，其损害程度不容易界定，不像身体损害那样，有比较直观的指标。但在庭审过程中，周某本人向学生小周的父亲承认了自己触犯了《中华人民共和国刑法》第二百四十六条的规定，并写了"悔过书"。

鉴于周某的认罪态度比较好，小周的父亲接受了法院的刑事附带民事调解书内容，撤回了对周某的刑事自诉。《中华人民共和国刑事诉讼法》第二百一十二条规定：人民法院对自诉案件，可以进行调解；自诉人在宣告判决前，可以同被告人自行和解或者撤回自诉。小周的父亲同意接受周某偿付的精神损失费。小周的父亲说，无论如何，孩子已不能复活，只是不能再发生这样的事情了。

同时，周某被当地教育行政部门解除了教师职务（如果已领教师资格证，应当吊销教师资格证）。

4.校车安全事故

近年来，由于一些学生上学路途较远，需要乘车上学，由此产生了校车安全问题。一些地方陆续发生校车事故，甚至造成学生死伤严重的后果。

综观各起校车事故，发现其发生的主要原因有以下几个方面：一是车辆质量存在问题，有些车甚至已经报废，本身不符合运送学生的条件；二是违规运营，严重超载；三是司机无证驾驶，本身不具备驾驶资质或缺乏应对突发情况的经验，处置失当，酿成事故。

为了加强校车管理，2012 年 3 月国务院第 197 次常务会议通过了《校车安全管理条例》（以下简称《条例》），并于同年 4 月公布。《条例》对学校和校车服务提供者、校车使用许可、校车驾驶人、校车通行安全、校车乘车安全以及相关的法律责任予以了明确。《条例》的出台，意味着我国已建立起具有法律约束力的切实可行的校车安全管理制度，保障学生上下学集体乘车安全。

值得注意的是，《条例》强调了《中华人民共和国义务教育法》规定的"就近入学"原则，明确规定："县级以上地方人民政府应当根据本行政区域的学生数量和分布状况等因素，依法制定、调整学校设置规划，保障学生就近入学或者在寄宿制学校入学，减少学生上下学的交通风险。实施义务教育的学校及其教学点的设置、调整，应当充分听取学生家长等有关方面的意见。"可见，要解决学生上下学的交通安全问题，只考虑校车本身的安全是不够的，必须着眼源头，尽量使中小学生上学不乘车或少乘车。

（二）侵犯学生财产权现象

目前，部分中小学校中还存在侵犯学生财产权的现象，主要表现为乱收费、以罚代教、收取营养餐"回扣"等。

1.乱收费

教育乱收费问题一直是近年来社会反响比较大的问题，从 20 世纪 80 年代中期至今，治理教育乱收费始终是党中央、国务院在教育领域主抓的重点工作之一。从将"遵照国家有关规定收取费用并公开收费项目"写入《中华人民共和国教育法》，到规范农村义务教育阶段学校的收费行为，再到实施"一费制"、在公办高中执行"三限"政策，建立收费的听证制度、公示制度、责任追究制度等规章制度，曝光典型案件……治理教育乱收费的举措多，力度大。然而，教育乱收费现象依然存在，并呈现出方式更新颖、形式更隐蔽的新特点。考核费、资料费、灯油费、取暖费、邮电费、体检费、电影费、保险费、防疫费、助学费、校服费、理发费、饮水费等收费名目层出不穷。

以广东某中学为例，经国家教育收费督导组检查和广东省治理教育乱收费厅际联席办核实，该校存在违规招收择校生和乱收费的问题。该中学在 2012 年未完成招生计划的情况下，违规招收择校生 149 人，共收取择校费 1 713 500 元，并收取其中 120 名分数较低的择校生捐资助学费共 356 000 元。此外，该校还收取了 7 名插班生捐资助学费 19 000 元。上述做法违反了广东省教育厅、省物价局、省财政厅联合发布的《关于进一步规范公办高中招收择校生有关问题的通知》和广东省教育厅等七部门联合发布的《关于印发<2012 年广东省治理教育乱收费规范教育收费工作实施意见>的通知》等文件的有关规定。对此，广东省治理教育乱收费厅际联席办责成相关部门做出严肃处理：免去该中学校长的职务；将违规收取的捐资助学款，全额退还给学生；对该中学乱收费问题进行通报批评。

学校乱收费不仅使学校的声誉下降，还可能导致大量有困难的学生辍学。因此，各地政府部门应当对其进行治理：一方面，加大义务教育经费投入，确保学校的日常运营经费和教师工资及其他国家规定的福利待遇，落实"两免一补"政策；另一方面，加大对乱收费的处罚力度，杜绝乱收费，确保九年义务教育的普及实施。

2.以罚代教

动辄以"罚款"的方式作为"教育"的手段，是将教育简单化的表现。学生还不具备承担经济责任的能力，以这种方式教育学生会产生消极影响，甚至造成不可挽回的后果。

例如，2004年4月15日是某小学六年级期中考试的日子，考试前，该校六年级数学老师郭某要求他的学生估分，如果学生考不到自己所估的分数，则每差1分罚款1元。15岁的学生小郭考虑到自己可能考不到所估的分数，又不愿意让父母为自己缴罚款，于2004年4月19日6时许服毒自杀。

这一惨案的发生，给教师敲响了警钟。中小学生由于发展不成熟，认识能力有限，控制自身行为的能力比较差，处理问题容易走极端。教师必须充分考虑其身心特点，采取合理合法的手段来进行教育。

国家有关法律规定，学校不具备制定"罚款"这一处罚措施的资格。对擅自制定罚款制度的教师，学生可以举报；一经查实，应予退还所收取的罚款，并对有关责任人员做出行政处分。

3.收取营养餐"回扣"

国家规定，以财政性经费、捐赠资产举办或者参与举办的学校及其他教育机构不得设立为营利性组织。然而，个别学校却存在以提供营养餐牟利的现象。

2011年11月，为了改善中小学生的营养状况，国家启动了"农村义务教育学生营养改善计划"。这本来是利国利民的大好事，但却被个别人钻了空子，利用营养餐牟利的事件时有耳闻。

例如，某公立小学的一位班主任每两个月就可领到餐饮企业返还的 2 340 元"午餐回扣"。其中包含两笔钱：一是"人头费"，该班有 45 名学生在校用餐，3—4 月用餐 42 天，每人每天返还 1 元，共计 1 890 元；二是"班主任补贴"，每人每月 5 元，共计 450 元。除教师之外，一些学校管理层、财等负责人等也拿到一份回扣。不同学校的回扣比例也不同，其回扣金额是送餐企业和校方之间"谈判"确定的。承担该市许多学校的午餐送餐服务的一家企业表示，向学校返还金额是当地餐饮企业多年的做法和必要的"门槛"。

利用管理学生的职权进行营利性经营，收取回扣，不仅是一种违反教师职业道德的行为，也是一种严重的违法侵权行为。《中华人民共和国义务教育法》第二十五条规定："学校不得违反国家规定收取费用，不得以向学生推销或者变相推销商品、服务等方式谋取利益。"何况，中小学生正处于长身体的关键时期，如果吃不饱饭或营养不良，那么势必影响到他们身体各部位的健康发育。现在学生的学习任务都很繁重，没有足够的营养，会使他们无法拥有充沛的体力和精力，从而影响其学习效果。对上述案件中的主要责任者，要给予行政处分。如果回扣问题查实，则应要求其退还回扣金额；如果回扣数额较大，则可以受贿罪论处，追究其刑事责任。此外，还应退还学生被作为回扣的伙食费部分，并向学生赔礼道歉。

（三）侵犯学生受教育权现象

当前，在我国中小学校中，侵犯学生受教育权的现象主要表现为指定学生填报升学志愿、变相逼迫学生退学、逼迫学生上校外补习班等。

1.指定学生填报升学志愿

例如，2010年7月，某地一所初中学校发生一起将学生关在教室里，强迫学生填报指定的高中的事件。该校家长们称，虽然孩子的中考分数超过本地一中的录取线，但教师重重阻拦，不让填报本地一中。此事反映到当地政府部门后，该市招办新闻发言人表示，强迫学生填志愿的行为严重违反了本市招生的相关政策，教育主管部门将切实保护考生的利益，维护教育公平。

应当看到，在我国现阶段，高中教育属于非义务教育阶段，学生及其家长有权自主选择受教育学校。因此，该校教师的这种做法侵犯了学生的教育选择权利。此外，该校教师采用把学生"关起来"不让回家、逼迫学生就范的做法，实际上产生了"非法拘禁"的效果，侵犯了学生的人身自由权利。

2.变相逼迫学生退学

教师为提高所谓"教学业绩"，变相逼迫学生退学的行为，是滥用其教育权的行为，也侵犯了学生的受教育权。例如，某中学为提高升学率，采取了节清、日清、周清的"三清"政策，虽然其意图是想把学习内容及时消化，但是个别教师采取"高压手段"执行"三清"政策，包括罚学生抄写100遍、不让学生进教室等，虽然这些教师没有明说不让学习差的孩子上学，但他们的实际行动逼得一些学习跟不上的学生无法在学校待下去。这些学生既不敢回家，也不敢上学，还说自己宁愿出去打工，也不愿意上学了。据统计，该校八、九年级各有10多名学生因此辍学。对此，家长意见非常大。

教师是从事教育教学工作的专业人员，应该了解学生发展存在差异性，需要因材施教，而不能采用"一刀切"的高标准，这不仅违背教育规律，而且是做不到的，易造成学生辍学。教师应该通过提高自己的教育教学水平，使每个学生都能享有公平而有质量的教育，得到应有的发展，为成为合格的公民奠定良好基础。

此外,《中华人民共和国义务教育法》第二十七条规定:"对违反学校管理制度的学生,学校应当予以批评教育,不得开除。"因此,对义务教育阶段的学生,学校一般不能给予其开除学籍之类的处分。义务教育是国家统一实施的所有适龄儿童、少年必须接受的教育,因此学校及有关部门要尽最大努力保障其受教育权的实现。

3.逼迫学生上校外补习班

学生到学校上学,本应该在学校按照课程标准完成学习任务。但是,个别任课教师为保证自己周末校外兼职补习班的"上座率"而缩减课堂课程,平时上课讲一半,周末补习时再讲一半,学生只得去报校外补习班。

例如,2009年12月,某小学一名四年级学生反映在课堂上有些"吃不饱,学不够",因为老师讲课时总是少讲一些教学内容,并对学生说:"要听多一些内容就要报名参加他周末的补习班。"原来,该生的老师正在一个培训机构做兼职老师,为保证周末补习班的上座率,想出这样的"教学方式"。该教师的这种行为和"权力寻租"的腐败行为没有什么差别。

教师受到国家和社会的委托、按照国家和社会的基本要求对年轻一代进行培养,其职业权力来源于国家法律的授权,其工资基本上由国家财政支付。因此,教师在享受国家为其提供的利益保障的同时,也必须限制自己的行为,不能将自己手中的职业权力变成敛财的工具。

(四)社会侵权现象

学校是教书育人的场所,同时也是学生人群密集的地方,为保障年轻一代的健康成长,对学校以及学校周围的环境条件提出了一定的要求。安静、整洁应是基本的要求，然而近年来一些企业等受利益驱动，对校园环境肆意侵扰，对学校师生的学习、工作和生活秩序造成严重影响。

校园环境侵扰行为有物质污染和精神污染两种。

1.物质污染

物质污染主要表现为空气污染、垃圾污染和噪声污染。

有些学校被周围一些单位释放的有毒气体严重污染。某校相邻单位的一个烟囱冒出的滚滚浓烟，笼罩该校上空，师生进校后即可闻到一股刺鼻的气味，操场上空灰雾蒙蒙。在靠近烟囱的家属区，路两旁的绿树也蒙上灰装，大部分树叶发黑、枯萎，花坛中的白菊也成了黑灰色，连路面都蒙着一层厚厚的粉尘。据教师反映，平时即使门窗紧闭，房间里也会很快落下一层黑灰，如果刮东风，满天的黑烟就会黑压压地直逼过来，脸上、鼻孔里都是黑的。住在该学校的师生，家家户户都将阳台封闭，烟囱冒烟的时候，门窗从不敢打开，没有一家敢把衣服挂在外面晾晒，学校内因此患呼吸道疾病的人很多。

有的学校深受垃圾之苦。如某校院墙边的 30 多户居民，向学校内乱倒垃圾、乱泼污水，使学生宿舍楼与院墙之间的两米空道上，满是鱼头、蛋壳、豆腐渣、烂菜叶等生活垃圾。每到夏天，这里臭气熏天，蝇虫乱飞，学生常常因此被虫子咬伤。还有些人在院墙边搭盖违章建筑，使其高达 3 米的院墙多处断裂。其中有一处违章建筑已严重倾斜，随时都会有倒塌的危险，威胁着学生宿舍楼内住着的 100 多名学生的安全，成为事故隐患，严重影响了该校的教学和学生的生活。

有的学校校门外被夜宵排档、歌舞厅等餐饮、娱乐场所包围，其营业时不仅在学校周围排放油烟、垃圾造成学校环境污染，而且制造各种噪声，严重影响学校师生的教学工作和生活。如某校的大门被饮食摊点包围，这些摊点每天从下午 5 点开始营业，一直经营到第二天的凌晨 3 点，摊点周围散落的污水、油污、塑料袋等造成环境脏乱；另外，由于摊点与校园内的学生宿舍仅一墙之隔，学生虽然把门窗关得严严实实，仍挡不住嘈杂的喧闹声和油烟的侵扰，严重影响了学生的学习和休息。

2.精神污染

精神污染主要表现为学校周围不良文化娱乐场所对青少年学生成长造成的不良影响，甚至使有些学生因此"堕落"。

此外，还有扰乱学校治安的现象，尤其是在中小学校周围敲诈勒索，甚至明目张胆抢劫学生钱财的事件时有发生。勒索抢劫者一般采用对中小学生殴打、威胁等暴力手段，不仅严重影响了学生正常的学习和生活，还对学生的身心健康造成不良影响。一些学生由于在被勒索抢劫过程中受到惊吓，需较长一段时间才能恢复正常的精神状态。

对社会侵权现象的治理，是一个综合治理问题，需要各有关部门依法协调进行，具体可以采取以下做法：严禁宣传暴力、凶杀、色情、恐怖、迷信等的图书、报刊、音像制品在学校中传播；坚决抵制赌博、酗酒、不健康的歌曲和封建迷信活动；不允许任何单位或个人在校园内从事以师生为消费对象的营利性活动；不允许任何单位或个人依傍学校围墙或房墙构筑建筑物；不允许校园周围的建筑影响学校教室采光、通风，对已经造成影响的，应要求有关单位或个人按当地政府有关部门的规定限期治理；不允许任何单位或个人在学校周围从事有毒、有害和污染（包括噪声）环境的生产经营活动，或设立精神病院、传染病医院，对已经造成危害的，应要求其按当地政府有关部门的规定限期治理或搬迁。

　　解决社会侵权现象有时可能需要几个部门协调解决措施，在这种情况下，学校应向当地政府反映，请求政府出面协调解决，以取得较好的效果。

第四章　学校教学管理探索

第一节　教学内容管理

教学内容即课程。广义的课程是指学校给学生传授的知识和技能、灌输的思想和观点、培养的习惯和行为的总和，包括学校各门学科和有目的、有计划、有组织的各种活动，以及对内容、进程和时限的安排。狭义的课程指一门学科。以颁布课程计划、课程标准和审定教材的方式对学校教学内容进行管理，通过教学视导和教学评价的方式监督、考核、指导学校的教学工作，是教育行政部门的重要职能。教学内容管理也称为课程管理，具体来说就是在一定社会条件下有领导、有组织地协调人、物资和课程的关系，指挥课程建设与课程实施，使之达到预定目标的过程，主要包括课程编制、课程管理体制等。

一、课程编制

课程编制指依据一定的课程理论，对学校课程进行的分析、选择、设计、实验、评价等的整体研究过程。

课程编制主要涉及课程计划（也称教学计划）、课程标准和教材三方面内容。其中，国家课程计划具有最高效力，是编订各科课程标准和教材的依据，是学校课程的总体规划；课程标准是在遵循国家课程计划的基础上制定出来的，是各级各类中小学教材编制的直接依据；教材是课程计划和课程标准的具体体现，是学校开展教学活动的基本材料。

（一）课程计划

课程计划是学校课程的总体规划。从形式上来说，它是国家关于学校教育教学内容的指令性或指导性计划；从内容上来说，它是国家制定的学校教育教学标准；从性质上来说，它是教育行政法规文件。课程计划主要包括：培养目标、制定该计划的指导思想和原则、学科设置及要求、学科教学时数和开课顺序、学年编制、考核要求等。

课程计划体现着国家对学校的统一要求和质量标准，课程计划的编制工作是一项影响教育全局的重要工作。

（二）课程标准

课程标准是根据课程计划，以纲要形式编定的有关学科教学内容的指导性文件，具体规定学科知识的范围、深度、结构、教学进度、教学法等。课程标准分课程标准总纲和各科课程标准两部分：前者是一定阶段课程总体的纲领性文件，规定着各级学校的课程目标、学科设置、各年级各学科每周的教学时数、课外活动的要求和时数以及团体活动的时数等；后者具体列出本学科教材的篇章节目、内容要点、课时数、实际作业（实验、练习、实习）的内容与时数以及其他教学活动的时数等。对课程实行集中管理体制的国家，课程标准具有较强的约束力；对课程实行分散管理体制的国家，课程标准的约束力有限。

（三）教材

教材是学生发展的主要媒介，其编写得好坏直接影响学生的发展水平。

1.教材制度的类型

教材制度是伴随公共教育制度的建立而形成的，是公共教育制度的一部分。有关教材的编写、发行、审定与供应，许多国家都建立了完备的制度。政府通过干预教材的编写、发行、审定与供应，保证公民在一定程度上平等地接受基本的教育，并保证本国基础教育的水准。

在建立了公共教育制度的国家，学校使用的教材一般都是由专门的部门或机构根据国家或权威教育机构制定的课程标准以及学术研究成果，有计划地进行编写和发行。世界上的教材制度主要有以下几种类型：

（1）国定制

国定制是国家教育行政部门按课程计划和课程标准统一组织编写适用于全国各地学校的教材，各地和个人不得自行编辑出版教材的制度。采用国定制教材编审制度的国家有东欧各国、朝鲜等，这些国家的教材编写、发行与认定权力隶属于中央，地方和学校没有编辑出版教材的权力。

（2）审定制

审定制是民间编辑的教材，经过中央或地方教育行政部门根据教学大纲审查合格供学校选用的制度。例如，日本教材的审查经过申请审查—审查初稿（一审）—审查校对稿（二审）—审查样书（三审）—公布审查结果五个阶段。日本教材由私人或出版社以文部科学省公布的学习指导要领编写，原稿要送交文部科学省审查合格后才能正式出版，经审议合格的教材有多种版本，教材的选用权在地方教育委员会和学校。

（3）自由制

自由制指由民间自行编辑出版发行供各学校自由选用的教材，无须教育行政部门审查或认可的制度。例如，英国历史上长期没有全国通行的课程和教学大纲，但有统一性阶段考试，因此其传统的教材编著常常会受到统一性考试的试题或其出题要目的影响，选用则主要是由教师决定的。在英国，教师一直享有比任何其他国家教师更大的在课程设置、教材和教学方法选用等方面的自治权。由于英国根本不存在官方对教材的限制，教材的编辑、出版完全自由。由于教材的编写不是为了满足规定的教学大纲和所开设课程的要求，因而导致教材的内容、结构和论述方法等方面存在很大差异。而且教材的种类繁多，规格不一，因此学校选用教材时，必须要在校长和教师商榷的基础上决定。

有人担心采取自由制的国家教材内容难以保证教育水平和质量，但实际上由于官方考试制度的制约，以及视学官（督学）和学校教育委员会的指导，这种担心是不必要的。视学官一旦在教材上发现问题，便及时同校长、教师进行商讨，对使用的教材提出意见从而施加影响。

（4）认可制

认可制是民间出版的教材经国家或地方行政部门认可，地方或学校才能选用的制度。认可制与审定制的区别在于认可制的教材内容不受官方的制约。采用这种制度的国家以法国为代表，法国虽然有全国统一的教学计划、教学大纲，但在国家层面不实行教材审定制度，没有中央级统一的教材编写机构来进行教材的编写、出版与审定，完全由民间出版社自由发行。但对于公立小学的教材，各县每年都要修改教材目录，送交大学区总长认可。各公立小学从获得认可的教材目录中进行选择使用。在法国，教师和家长对教材的使用都有发言权，但相比较而言，教师的权利更大一些。

（5）选定制

选定制是由国家或地方教育行政部门从出版的各学科教材里挑选出若干科，制成用书一览表，供各地区和学校选用的制度。美国的许多州均采用此制度。美国没有统一的课程标准，各州自己制定本州的标准。美国的教材由私人或书商依各州政府的有关规定编写和出版。美国也没有全国性的教材评审机构，教材出版前，无需经政府审核，教材的采用办法因州而异。除个别州是自由发行外，大部分州与地方都实行选定制。各州一旦认为选定后的教材不理想便可立即宣布停用。根据各州规定的情况，教材的选定有三种方式：①地方学区教育委员会选定，不受州的限制；②地方学区教育委员会从州里认可的书目一览表中选定教材；③地方学区教育委员会根据州里规定的教材标准选择教材。从教材的供应来看，美国主要实行教材无偿出借制度，也有个别州部分无偿或有偿使用，这主要由各州根据情况自己决定或个别由学校决定。

2.我国的教材制度

（1）中小学教材

国家实行中小学教材审定制度，未经审定的教材，不得出版、选用。

在国家教材委员会指导和统筹下，中小学教材实行国家、地方和学校分级管理。

国务院教育行政部门牵头负责全国中小学教材建设的整体规划和统筹管理，制定基本制度规范，组织制定国家课程方案和课程标准，组织开展国家课程教材的编写指导和审核，组织编写国家统编教材，指导监督各省（区、市）教材管理工作。

省级教育行政部门牵头负责本地区中小学教材管理，指导监督市、县和学校课程教材工作；组织好国家课程教材的选用、使用工作，确保全面有效实施；负责地方课程教材规划、开发、审核和管理；组织开展教学指导、骨干培训、监测反馈等工作，加强教材编写、审核、出版、管理、研究队伍建设，并建立相应的工作机制。

学校要严格执行国家和地方关于教材管理的政策规定，健全内部管理制度，选好用好教材。校本课程由学校开发，要立足学校特色教学资源，以多种呈现方式服务学生个性化学习需求，原则上不编写出版教材，确需编写出版的应报主管部门备案，按照国家和地方有关规定进行严格审核。

（2）高校教材

国务院教育行政部门、省级教育部门、高校科学规划教材建设，重视教材质量，突出教材特色。马克思主义理论研究和建设工程重点教材实行国家统一编写、统一审核、统一使用。

在国家教材委员会指导和统筹下，高校教材实行国务院教育行政部门、省级教育部门和高校分级管理。

国务院教育行政部门牵头负责高校教材建设的整体规划和宏观管理，制定基本制度、规范，负责组织或参与组织国家统编教材等意识形态属性较强教材的编写、审核和使用，指导、监督省级教育部门和高校教材工作。

其他中央有关部门指导、监督所属高校教材工作。

省级教育部门落实国家关于高校教材建设和管理的政策，指导和统筹本地区高校教材工作，明确教材管理的专门机构和人员，建立健全教材管理相应工作机制，加强对所属高校教材工作的检查监督。

高校落实国家教材建设相关政策，成立教材工作领导机构，明确专门工作部门，健全校内教材管理制度，负责教材规划、编写、审核、选用等。高校党委对本校教材工作负总责。

（3）职业院校教材

中等职业院校思想政治、语文、历史课程教材和高等职业院校思想政治理论课教材，以及其他意识形态属性较强的教材和涉及国家主权、安全、民族、宗教等内容的教材，实行国家统一编写、统一审核、统一使用。专业课程教材在政府规划和引导下，注重发挥行业企业、教科研机构和学校的作用，更好地对接产业发展。

在国家教材委员会指导和统筹下，职业院校教材实行分级管理，教育行政部门牵头负责，有关部门、行业、学校和企业等多方参与。

国务院教育行政部门负责全国职业院校教材建设的统筹规划、宏观管理、综合协调、检查督导，制定基本制度规范，组织制定中等职业学校公共基础课程方案和课程标准、职业院校专业教学标准等国家教学标准，组织编写国家统编教材，宏观指导教材编写、选用，组织国家规划教材建设，督促检查政策落实。出版管理、市场监督管理等有关部门依据各自职责分工，做好教材管理有关工作，加强对教材出版资质的管理，依法严厉打击教材盗版、盗印，规范职业院校教材定价和发行工作。

有关部门、行业组织和行业职业教育教学指导机构，在国务院教育行政部门统筹下，参与教材规划、编写、指导和审核、评价等方面工作，协调本行业领域的资源和专业人才支持教材建设。

省级教育行政部门负责落实国家关于职业院校教材建设的相关政策，负责本地区职业院校教材的规划、管理和协调，牵头制定本地区教材管理制度，指导监督市、县和职业院校课程教材工作。

职业院校要严格执行国家和地方关于教材管理的政策规定，健全内部管理制度，选好用好教材。在国家和省级规划教材不能满足需要的情况下，职业院校可根据本校人才培养和教学实际需要，补充编写反映自身专业特色的教材。学校党委（党组织）对本校教材工作负总责。

二、课程管理体制

（一）课程管理体制的类型

课程管理体制是指国家进行课程管理的机构设置、权力分配和运行制度。课程管理在不同的教育行政体制之下有不同的形式，纵观世界各国，课程管理体制主要有以下四种类型：

1.集中管理体制

实行集中管理体制的国家的课程管理权力集中在中央最高教育行政机关，并由其对全国课程管理的各个方面进行统一的指导和领导。该体制的基本特点是：由国家制定和颁行全国统一的课程计划和课程标准；由国家组织专家决策、统一编制或统一审定教材；举行全国性和区域性的毕业统考和升学考试，考试结果作为评价课程教学效果的指标。集中管理体制的主要优点有：能够加强中央教育行政机关对课程规划和课程改革的领导，有全国统一的教育标准、课程计划，有利于全面提高教育质量；主要缺点是：过分强调统一，不能适应全国各地复杂的具体情况，易于造成课程体系的僵化。采取这种课程管理体制的代表国家有法国等。

2.分散管理体制

实行分散管理体制的国家的课程管理权力分散于各地方的教育行政机关，并由它们对辖区内各类学校的课程管理进行分级指导和领导。该体制的基本特点是：全国没有统一的课程计划、课程标准，由地方自主决定；课程开发由地方自主决策，全国没有统一的教材；没有全国性的统一考试制度，由地方自行组织考试与测验。分散管理体制的优点主要是：能够根据不同地区的特点，发挥地区的优势，使课程设置丰富多彩，以满足不同地区的教育发展需求，有利于因地制宜地进行课程建设和改革；主要缺点是：各地经济与文化发展不平衡，在课程计划、课程标准、教材编订等方面的水平参差不齐，难以保证大面积高水平的教育教学质量。采用该体制的代表国家有英国、德国、美国、加拿大等。

3.标准统一、管理分散体制

这种体制也被称为混合型课程管理体制，是指先由某一层机构（中央、省或州）确定课程最低标准，再由地方机构或学校根据标准决定本地本校的课程设置。这种体制把国家统一性同地方分散性结合在一起，既保证了全国有统一的课程水准、课程结构，又允许地方或学校依实际情况筹断，统一又不死板；既放开课程管理，又不使课程越出大范围；既保证了教育水平，又使地方学校办出了自己的特色。日本等国家的课程管理体制属于此种类型。

4.学校自主型

实行学校自主型课程管理体制国家的课程管理权力在学校，由学校自主对课程进行管理。该体制的基本特点是：学校根据自身实际情况和对社会需要的预测，自行制定本校的教学计划和课程方案；课程开发由学校自主决策，学校可以自由选择教材；没有全国性和地方性的统一考试制度，由学校自行组织考试和测验。学校自主型的主要优点是：能够根据不同学校的特征和发展水平设置丰富多样的课程，使课程满足不同学校和不同学生的发展需要；主要缺点是：由于缺乏全国和地方的课程计划和课程标准的约束，各个学校的办学水平和办学层次差异较大，不利于学校之间的均衡发展。英国曾经是学校自主型课程管理体制的典型代表，但在 20 世纪 70 年代以后英国学校的课程权力逐步受到国家和地方教育行政部门的限制。

（二）我国的课程管理体制

我国曾经采用的是课程集中管理体制。为保障和促进课程对不同地区、学校、学生的适应性，我国教育部决定大力推进基础教育课程改革，实行国家、地方和学校三级课程管理。

2001 年，教育部颁布的《基础教育课程改革纲要（试行）》对我国课程管理权力的分配作了明确规定：第一，教育部总体规划基础教育课程，制定基础教育课程管理政策，确定国家课程门类和课时；制定国家课程标准，积极试行新的课程评价制度。第二，省级教育行政部门依据国家课程管理政策和本地区实际，制定本省（自治区、直辖市）实施国家课程的计划，规划地方课程，报教育部备案并组织实施。经教育部批准，省级教育行政部门可单独制定本省（自治区、直辖市）范围内使用的课程计划和课程标准。第三，学校在执行国家课程和地方课程的同时，应视当地社会、经济发展的具体情况，结合本校的传统和优势、学生的兴趣和需要，开发或选用适合本校的课程。各级教育行政部门要对课程的实施和开发进行指导和监督，学校有权利和责任反映在实施国家课程和地方课程中所遇到的问题。

自此，我国逐步建立起国家、地方、学校三级课程管理体制，在中央总体规划的基础上充分发挥地方和学校的课程自主权，从而使基础教育阶段的课程最大限度地满足学生发展的需求。

在三级课程管理体制的运行过程中，要加强国家、地方和学校在课程决策方面的协调和合作，也同样要给教师、家长、社区代表和学生提供参与课程决策的机会。

第二节　教学组织管理

教师是学校教学的基本执行单元。学校教学工作的目的是促进学生全面发展，但是具体的教学工作却是由每位教师在教室中独立完成的。所以，实现国家教育目的和学校培养目标需要将教师组织起来，形成一个完整的系统。只有全体教师相互配合、相互促进，形成教学工作的合力，才能提高教学质量。这就需要进行教学组织管理，在学校教学管理中，建立有效的教学组织指挥系统，加强教导处和教研组的建设和管理，并合理配备教师资源，提高教学管理的有效性。

一、教学管理组织系统

现代教学管理组织是随着教学规模的不断扩大、班级授课制的出现和现代学校的产生而逐渐构建起来的。教学管理组织一般是指学校按照一定的教学目标，将机构、人员、职权、制度和文化等组织要素，进行有机组合并进行动态管理的一种专门性社会组织。

（一）教学管理组织系统的类型

1.垂直型教学管理组织

这种教学管理组织的特点是主要靠强制性维持。学校通过设置若干级正式的教学行政管理机构来形成本校的教学管理组织系统，以发挥教学管理的基本职能，维护正常的教学秩序。该类型的教学管理组织有两种模式：一种模式是四级管理机构，即教学校长—教务处—教研组—教师；另一种模式是三级管理机构，即教学校长—学科组—教师。这样有利于常规教学的落实，不利的一面是容易导致教育风格雷同，最终导致学生个性发展受限。

2.咨询-监督型教学管理组织

这种教学管理组织的特点是主要靠教师的自觉性维持。学校设教学咨询、监督机构，请家长和社区知名人士参与其中，以便改善学校的教学工作质量。这种教学管理组织的好处是管理灵活，利于教学创新；不利的一面是教学质量不能得到有效保障，个别责任心和能力不强的教师容易敷衍了事。

这两种组织系统是并行不悖的。学校教学管理既要充分发挥垂直管理的功能，又要充分发挥咨询监督的作用，实现教学管理的合理分工，形成渠道畅通、制度完善的教学管理组织系统。

（二）建立有效的教学组织系统

教学组织系统是学校教学管理得以运行的基础。一个有效的教学组织系统能够发挥上情下达、下情上达的功能。

1.充分发挥教导处的职能

教导处是学校教学管理系统的中枢，其职能主要有：一是协助校长贯彻党和国家的教育方针政策，具体组织学校日常教学工作，制定学校教学工作计划，并进行定期检查和总结；二是根据国家课程计划、课程标准编排课程表、作息时间表和课外活动表，提高教学效率，减轻学生的课业负担；三是了解全校教师的思想动态，了解每位教师的业务水平和专长，依据教师的特点安排相应的教学任务；四是通过业务培训和研修，提高教师的业务水平，造就一支业务精、水平高、爱岗敬业的教师队伍；五是组织开展教学研究工作，通过集体备课、教学观摩、校本研究、撰写论文等方式，提高教师的教学反思和教研水平；六是对学校教学工作进行监控和评估，包括检查备课、上课、作业和考试的情况，了解教师教学和学生学习的动态，并对教师工作进行考核与评价；七是做好学籍管理工作，具体负责招生、编班、休学、转学等工作，并做好学籍卡、健康卡、成绩总册等的统计、汇报、报表的管理工作，同时负责教学图片、教学工具书、教学刊物、考试样卷等各种资料的整理、装订、保管、借阅工作，防止散失，保证教学所需；八是具体负责课外活动的指导与管理、学校教学仪器设备的管理等各项工作。可以看出，教导处的教学管理工作非常细致，涉及学校教学工作的各个方面。

加强教导处的建设，需从两方面着手：一方面，做好教导主任的选拔和任用。教导主任是校长管理教学工作的主要执行者，上对校长直接负责，同时直接组织各学科教师、教研组开展教学工作。教导主任的业务素质高低直接影响到学校教学管理的成效。教导主任的选拔和任用要坚持公平、公开、公正的原则，并充分听取全体教职员工的意见和建议，通过公开招聘的方式将有能力、有意愿、有群众基础的优秀教师选拔到教导主任的岗位上来。在实际的工作中，要明确教导主任的工作责任和职权范围，为其开展教学管理工作创造良好的内外环境。另一方面，建立一支精干的教导处管理队伍。学校教导处的工作范围十分广泛，既要协助校长保证学校教学工作符合国家教育方针和课程计划，同时又要组织好日常教学工作和教研工作，而且要组织好教师考核和学籍管理等各项工作，任何一个环节出现问题，都可能影响到学校教学管理的全局。因此，建立一支精干、权责明确、合理分工的教导处管理队伍，对强化教导处的职能具有重要的作用。

2.强化教研组的建设

强化教研组的建设需要选好带头人。教研组长一般由校长或教导处任命，也可由同教研组的教师推选产生。教研组长应当是学科的优秀教师，能够带领任课教师深入开展教研工作，并对学科教师进行相应的教学指导工作，帮助教师解决在教学中遇到的问题。教研组长更多地具有专家型教师的特点，在教师中发挥模范带头作用。在教研组中，教师之间就某个教学问题所开展的讨论或者研究实际上是一种带有学术色彩的探讨，在探讨的过程中，教师之间是平等的，他们都有发表意见或建议的权利。同时，教研组长还要采取措施，促进教师之间的知识共享，使教师通过分享备课讲义、相互观摩、听课评课等方式，相互取长补短，共同提高教学业务水平，促进学校教学质量的总体提升。

3.优化教师配备

教师是学校最为宝贵的人力资源，也是办好学校的基本依靠力量。不同教师在思想状况、工作年限、能力水平、业务专长等方面都存在差异。学校教学管理的一项重要工作就是依据上述方面的差异，根据实际情况合理配备各学科教师，充分发挥每个教师的业务水平，扬长避短，提高学校教学管理效能。同时，同一个学科的教师配备，要注意老年、中年、青年教师的年龄搭配，发挥老教师传、帮、带的作用，促进中青年教师的业务成长。中年教师有了一定教龄，业务熟练，精力旺盛，是提升学校教学质量的中坚力量。青年教师刚刚入职，缺乏教学经验，业务也不太熟练，这时学校要创造条件帮助他们熟悉业务，并对他们进行业务指导，为他们创造比较宽松的工作环境，加快他们的专业成长。

二、教学过程管理

教学过程包括备课、上课、作业布置与批改、学业成绩的检查与评定等基本环节，相对应的教学过程管理包括备课管理、课堂教学管理、作业管理和学业成绩评价管理等方面。

（一）备课管理

备课是教师根据学科课程标准和所教学科的特点，在了解学生学习情况的基础上，合理安排教学内容呈现方式及其顺序，针对在教学中可能出现的问题进行预先分析并提出解决对策，以保证教学有效性的过程。备课管理工作主要包括以下几个方面的内容：

1.钻研教材

学校一般都会要求任课教师系统性地研究教材内容，清楚所教学科的教学目的、知识体系以及教学方法方面的要求，在了解教材编写意图和知识结构的基础上分析教学重点、难点和关键环节，同时还要求教师广泛阅读与教学内容密切相关的参考用书，以充实教学内容，最终达到教师全面掌握教材内容体系，对教材融会贯通，从而有效进行课堂教学的目的。

2.了解学生

教师要通过家访、与班主任沟通等多种方式了解所教班级学生的学习态度和兴趣，了解学生的知识基础、智力水平和健康状况，以确定教学的难度、进度，促进学生主动、高效地学习。

3.选择教学方法

常见的教学方法有讲授法、谈话法、实验法、演示法、读书指导法、参观法等，在一节课上，不是采用的方法越多越好，而是要看教学方法与所教内容的匹配程度。教师要在备课过程中结合教学内容和学生学习的实际情况有针对性地选择教学方法，以提高学生的学习兴趣和主动性。

4.设计教案

教案是对教学内容的整体规划。教师要在研究教材、分析学生、选择教法的基础上，通过教案的写作，具体规划教学过程、明确教学内容主题、阐述教学目的和任务、分析教材及其教学重点难点、选择教学方法和教具、规划教学流程步骤、巩固教学内容和布置作业等环节，呈现板书设计。为了促进教师之间的知识和经验共享，很多学校都建立了集体备课制度，通过教研组组织教师集体备课，形成教学团队，整体提高教学水平。备课管理可以提高教师教学的目的性和针对性，进而为提高教学效率和学生学习成效奠定基础。

（二）课堂教学管理

教学是学校的中心环节，课堂教学管理主要包括听课和评课两个方面。

1.听课

听课是校长、教学主管副校长、教导主任、教研组长等人的一项重要工作。

听课是学校领导了解本校教学质量、了解教师教学水平、分析学生学习情况和进度最直接、最有效的方法，也是帮助教师改进教学、提高专业化水平的有效途径。依照目的的不同，可以把听课分为了解性听课、指导性听课、研究性听课和总结性听课四种类型。

了解性听课是校领导为了全面把握学校的教学情况所进行的听课，通常范围会比较广泛，涉及语文、数学、英语、体育、音乐、美术等各个学科。指导性听课主要是聘请校内外的教学专家通过听课对教师进行具体的业务指导。研究性听课是为了解决某一方面的教学问题，如学生学习兴趣低、班级教学成绩起伏过大等而进行的听课。总结性听课则主要是为了总结学校开展的教学实验、教师之间交流上课经验而进行的听课。

在组织听课之前，校领导和教务管理者要仔细研究听课的目的，以确定听课的类型。同时，听课人员还需要对教学内容、教学目标、教师基本情况、学生情况等进行较为深入的了解，以有的放矢地分析课程内容和评课。

2.评课

在听课的基础上，对所听内容进行评价，这就是评课。评课不仅是为了考核、评价教师的水平，更应以提高教师的教学能力为基本出发点。评课是指对课堂教学成败得失及其原因进行中肯的分析和评估，并且能够从教育理论的高度对课堂上的教育行为作出正确的解释。具体地说，评课是指评者对照课堂教学目标，对教师和学生在课堂教学中的活动以及由此所引起的变化进行价值的判断。评课是教学、教研工作中的一项经常开展的活动。评课的类型很多，有同事之间互相学习、共同研讨的评课，有学校领导诊断、检查的评课，有上级专家鉴定或评判的评课，等等。评课要坚持以下基本标准：

第一，分析教学目标是否符合教育方针和课程标准的要求，教学是否实现了提高学生道德水平、使学生掌握知识和发展能力的目的。

第二，教学过程与结构的科学性和严谨性，主要分析教学环节（包括上课时的检查复习、导入新课、课堂练习、课堂提问、教学内容总结、布置课外作业等环节）是否紧凑，教学内容的呈现是否合理、是否遵循了学生的注意规律、是否激发了学生的主动性。

第三，教学思想是否体现了课程标准的要求，主要分析和考察教学过程是否面向全体学生实施素质教育，是否整体设计目标，是否突出学生主体并尊重个体差异，是否促进学生发展。

第四，教学态度，主要看教师的举止是否大方、端庄，教学感情是否丰富、真挚。

第五，教学语言，主要观察教师的课堂教学用语是否规范、准确、优美。

第六，板书和幻灯片呈现的清晰和美观程度，主要看教学板书的科学性、精练性、逻辑性和连续性，分析是否有利于学生理解教学内容。

实践证明：科学评课有利于促进教师转变教育思想，更新教育观念，确立课改新理念；有利于帮助和指导教师不断总结教学经验，形成教学风格；有利于信息及时反馈、评价与调控，调动教师教育教学的积极性和主动性。总之，科学地听课和评课，可以有效提高教师的业务水平，进而提高学校的教学质量。

（三）作业管理

作业是教师布置的学习任务，包括课堂作业和课外作业两种形式，前者要求学生当堂完成，后者则由学生放学后在家完成。从完成方式来看，作业包括口头作业和书面作业两种，前者是指朗读和背诵形式的作业，后者指抄写、默写、做习题、完成课外调查研究等方式。作业的布置与批改，是教学过程中必不可少的环节，也是巩固教学内容、教师了解学生学习效果的重要手段。作业管理主要包括以下内容：

1.提高作业的有效性和针对性

不盲目布置大量作业，摒弃无效作业。教师在布置作业时要注意针对教学内容并适当拓展，使作业少而精，能够有效巩固所学知识，真正成为补充和优化教学的重要手段。

2.创新布置作业形式

在当前课程改革的背景下，作业的形式不仅包括做习题，还可以包括准备演讲、开展调查研究、制作手工艺品等。布置多种作业有助于提高学生的综合能力。

3.及时批改、反馈作业

作业的批改必须讲究时效性。学生完成并提交作业之后，教师要在第一时间完成批改，及时把批改情况反馈给学生。批改完成后，教师要对学生作业的整体情况进行分析，找出作业中的共性问题，并向学生集体讲解。对于作业中出现的个性问题，教师要采取面对面的方式帮助学生分析问题，促进学生了解和掌握所学知识。

4.家校合作，提高作业管理质量

家长参与学校教学是教学管理所采取的一个常见措施。学校可以通过家长会等方式让家长明白作业的重要性，争取家长的支持和配合；使家长在家里引导孩子养成自主完成作业的良好习惯。家长和学校密切配合，有助于形成育人的合力。

（四）学业成绩评价管理

学业成绩评价是通过一定的方式来判断学生的学习是否达到或在何种程度上达到了教学目标的要求。教学目标是对学生进行学业成绩评价的基本依据。教学目标包括思想品德、学科知识和实践能力等方面的要求，是对学生学业成绩进行评价的基本标准。学业成绩的评价要贯彻素质教育和课程改革的要求。学业成绩评价的方式主要包括两种基本类型，一是考查，二是考试。

1.考查

考查是指对学生的学习情况和成绩进行的一种经常性的小规模或个别的检查与评定，也就是在平时的课堂教学、课外作业以及课外小组活动中对学生的学业成绩所进行的过程性评价，具有经常性和及时性的特点。考查的目的在于及时了解学生的学习情况，获得教学反馈信息以改进教学。考查的形式主要有口头提问、检查书面作业、书面测验等。考查的结果由各学科教师记入学生成绩档案袋，体现教学评价的发展性。

2.考试

考试是指对学生的学业成绩进行的阶段性或总结性的检查与评定，一般由教育行政部门或者学校统一命题，统一批阅试卷和评分，目的在于对学生的学习质量进行全面的检查与评价。

依据时间安排的不同，可以将考试分为期中考试、期末考试、学年考试、毕业考试和升学考试等类型。

依照考试形式的不同，可以将考试分为闭卷考试、开卷考试、口试、实际操作考试等类型。在教学管理中，正规考试通常采用闭卷考试的形式，目的是检查学生学习和教师教学的总体质量，这有利于在单位时间内通过统一命题和评改选拔人才。同时，为了避免闭卷考试的死记硬背，也会采用开卷考试、口试和实际操作考试等形式，全面检测学生的学业水平。在教学管理实际中，要根据考试的目的和功能采用不同的考试形式，做好试卷的密封、试卷批阅的客观性以及成绩评定的准确性等方面的工作。

三、教务行政管理

教务行政是执行教学计划的一种教学行政，它的基本职能是根据全校教学计划对各项教学活动中的人力、物力、财力、时间、空间、信息等进行科学、合理的组织、指挥、调度和控制，以达到建立正常、稳定的教学环境和教学秩序，提高教学质量的目的。教务行政管理主要包括招生管理、学籍管理、班级编制、编排课程表、资料管理等内容。

（一）招生管理

招生是学校办学的基础，是一项计划性和政策性很强的工作。近年来，各地认真贯彻党中央、国务院决策部署，全面推进义务教育免试就近入学和"公民同招"改革，深化中考改革和规范普通高中招生秩序，取得重要成效，但仍有部分地方和学校还存在一些问题。为进一步提高普通中小学招生入学工作的科学化、制度化、规范化水平，健全公平入学长效机制，助推"双减"政策落地见效，营造促进学生健康成长的良好生态，各地需要做好以下几个方面的工作：

1.科学合理划定片区

各地要建立义务教育阶段常住人口学龄儿童摸底调查制度，加强生源分布情况分析，落实"学校划片招生、生源就近入学"的目标要求。目前还未实行划片免试就近入学的地方，要根据适龄儿童人数、学校分布和规模、行政区划、交通状况等因素，为每所义务教育学校科学划定招生片区范围；教育资源相对均衡的地方，逐步实行单校划片，合理稳定就学预期；教育资源不够均衡的地方，积极稳妥推进多校划片，并将热点学校分散划入相应片区，推进片区间优质教育资源大体均衡。已经实行划片免试就近入学的地方，片区划定后应保持相对稳定，当出现学校布局调整、学龄人口变化较大等情况时，各地可在科学评估、广泛征求意见的基础上适当调整片区范围，提前向社会公布，并深入细致做好宣传解释工作。

2.规范报名信息采集

各地要健全义务教育入学报名登记制度，按照材料非必要不提供、信息非必要不采集原则，提前明确、广泛宣传报名登记所需材料、报名时间和办理方式。各地要建设和完善统一的义务教育招生入学服务平台，加快推进区域内户籍、房产、社保等入学相关信息共享，逐步实现网上报名、材料审核和录取，切实为群众办事提供便利；全面清理取消学前教育经历、计划生育证明、超过正常入学年龄证明等无谓证明材料；预防接种证明不作为入学报名前置条件，可在开学后及时要求学生提供；应当采集学生的基本信息、家庭住址，以及家长的姓名、联系方式等必要信息，严禁采集学生家长职务和收入信息。信息采集工作应在招生入学时一次性采集，不得利用各类App、小程序随意反复采集学生的相关信息。

3.健全有序录取机制

各地要按照义务教育免试就近入学总体要求，分别明确小学、初中学生录取的具体方式和规则，切实保障入学机会公平。片区内登记报名人数少于学校招生计划的，学校应全部录取；超过学校招生计划的，按照已明确的规则录取，其余未被录取的学生由县级教育行政部门在相邻片区就近协调安排入学。实行小升初对口直升的地方，要通过小学、初中强弱搭配等方式均衡配置教育资源。各地要切实落实优质普通高中招生指标分配到区域内薄弱初中的政策措施，引导义务教育阶段学生就近入学。

4.全面落实公民同招

各地要认真落实中央有关文件关于规范民办义务教育学校发展和公办义务教育学校同步招生的规定要求，坚持民办义务教育学校招生纳入审批地统一管理，优先满足学校所在县（区）学生的入学需求。所在县招不满且审批机关为市地级及以上政府教育行政部门的，可以在审批机关管辖区域内适当跨县招生，不得跨市招生；对报名人数超过招生计划的，实行电脑随机录取。

5.规范普通高中招生

各地要结合实际进一步完善普通高中招生管理，有序规范优质普通高中指标到校招生和省属（省级示范）、市属（市级示范）普通高中、高等学校附属中学招生，同步规范民办普通高中招生，持续巩固普通高中招生改革成果，进一步压减优质公办普通高中和民办普通高中跨区域招生计划，确保按照国家有关规定如期全面实现属地招生和公民同招。各地要全面建立地市级或省级高中阶段学校统一招生录取网络平台，切实加强招生录取过程管理，严禁提前招生、超计划招生、违规跨区域招生，严禁招收借读生、收取借读费；严格落实公办学校参与举办的民办普通高中独立招生规定，严禁公办、民办学校混合招生。

6.保障特殊群体入学

各地要健全控辍保学长效机制，确保适龄儿童少年应入尽入。各地要深入推进"两为主、两纳入、以居住证为主要依据"的随迁子女义务教育入学政策，加快推进随迁子女在公办学校或以政府购买民办学校学位方式入学就读。各地要认真落实《居住证暂行条例》关于在流入地居住半年以上和有合法稳定就业、住所等规定要求，完善随迁子女入学政策，全面清理取消不合规的随迁子女入学证明材料及其时限要求，不得要求提供户籍地无人监护等无谓证明材料；实行积分入学的地方要完善积分规则，切实保障符合《居住证暂行条例》规定条件的随迁子女能在流入地接受义务教育。各地也要认真落实随迁子女接受义务教育后在流入地参加中考的政策，对回户籍地参加中考的随迁子女，户籍地和流入地教育行政部门要妥善做好考试招生报名服务工作，保障随迁子女能在户籍地顺利参加中考。各地还要依法保障能够接受普通教育的适龄残疾儿童少年就近就便随班就读。对烈士子女、现役军人子女及其他各类优抚对象，各地要按国家有关规定切实落实教育优待政策。

7.切实加强组织领导

各地要大力推进"阳光招生"，积极做好宣传引导，及时主动公开招生入学相关信息，加强对主要政策和群众关注热点问题的解读工作，引导家长形成合理就学预期，切实发挥社会监督作用；畅通举报申诉受理渠道，严肃查处违法违规招生行为；将深入推进义务教育优质均衡发展和普通高中多样化有特色发展作为解决招生入学矛盾问题的治本之策，优先改善、加快提升薄弱学校的办学水平，为更好地保障适龄儿童、青少年享有公平优质的基础教育创造条件。

（二）学籍管理

学籍管理是教学管理者根据国家对学生德、智、体、美、劳全面发展的要求，按照一定的原则、方法和程序，对学生学习等方面的表现，进行阶段和全程的质量考核、记载、评价和处理，并按照有关政策、规章的要求，对学生入学、变迁、毕业等进行控制。

学籍管理在义务教育阶段和非义务教育阶段的内容、作用和要求既相同又有区别。在义务教育阶段，按照教育行政部门的规定，要建立适龄儿童、少年的学籍档案，供当地教育行政部门和学校管理者了解情况，进行决策之用。在高中和大学阶段，学籍管理十分严格。学籍管理主要包括对学籍卡片、学生健康卡片、入学登记表、毕业登记表等的管理。

学籍管理是一项极其严肃的学校管理工作，任何教师都不得违背或变通有关程序中的任何环节。涉及任何一个学生的学籍变更或借读都需由学校领导研究决定。

（三）班级编制

教学班是学校对学生进行教学的基本单位。班级编制是招生以后，开始新的教学前的一项重要工作。班级编制一般是指把年龄和知识水平相同或相近的学生，按照定额合理分配，组成平行班，以便实施教育和教学。班级编制主要涉及分班标准和形式、班级规模两个方面的内容。在我国，分班标准和形式一般以年龄分班和能力分班为主。根据教育部的规定，中小学根据教育教学规律和教学要求安排班额，并根据班额组织教学班级，原则上普通中学每班学生45~50人，城市小学40~45人，农村小学酌减，具体标准由各省（自治区、直辖市）根据实际情况确定。

（四）编排课程表

课程表规定了教学科目的安排、实施程序与节奏，是进行正常教学工作的依据。编排课程表的主要方法包括人工排课和机器排课两种。课程表是固定的，是提前安排好的，但在必要的情况下可改动。在日常教学中，教师应尽量避免调课。教师调课牵涉学生利益，应制定针对学生的个性化课程表，保证学生正常地进行学习，提高学生的学习效率。编排课程表并不是机械地分配教学计划所规定的课程，课程表要合乎学生生活情况和师生学习、工作规律。

1.关注学生学习时间和精力

学生精力旺盛的时候，学习能力强，学习效率高；学生感到疲倦的时候，学习能力弱，学习效率低。因此，凡是要多用脑、费精神的科目，最好排在上午第一、二、三节；音乐、体育、图画、写字、自习等课程可排在下午。

2.合理使用教师时间

学校在编排课程表时要考虑到教师能否比较好地利用时间，应尽量给教师一些完整的时间来备课、参加教学研究活动，或进修提高，同时也要考虑到同科教师互相听课的可能性。对一些有特殊困难的教师，也应尽可能地给予照顾。

3.充分利用教具、场地、教学仪器

学校在编排课程表时要充分利用理化科的实验室、体育科的场地和器械等，避免在时间安排上出现冲突，影响教学质量。

（五）资料管理

1.工作资料管理

第一，全校性的资料，如上级有关教学工作的文件，学校的工作计划、总结，学校的规章制度，等等。

第二，教师教学资料，如课程标准，教研组和教师个人的教学计划总结、研究成果，各科期末复习提纲、试卷，班主任工作计划、总结，等等。

第三，学生资料，如学籍册，毕业登记和去向情况登记表，体检资料，转学、退学、休学登记表，等等。

第四，统计表，如各学年（学期）学生各科成绩统计材料，升留级、升学统计材料，学生学习质量分析统计材料，等等。

上述四类资料属于学校积累保管的材料，应及时收集，分别装订成册，编目登记，安排专人管理。

2.图书资料及教学仪器管理

现在，学校一般都有图书馆和大量的教学仪器，这些都是学校公有的，需要登记在册，并委派专人管理。

第三节　教学质量管理

教学质量指经过教学后，学生对学科教学内容的掌握程度，以及学生应用知识解决实际问题的能力水平。教学质量是一个过程性概念，在每一个教学阶段学生都会达到一定的知识和能力水平。所以，对教学质量的管理必须考虑到教学的过程性。

一、教学质量目标及标准

教学质量目标就是学校在教学管理中最终追求的可测量的学生知识与能力水平，以及教师、学生、家长等相关群体对教学的满意度水平。学校教学质量目标按时间可分为中长期质量目标、年度质量目标和学期质量目标；按层次可分为学校质量目标、各年级质量目标以及班组和个人的质量目标。

　　学校教学质量目标的落实离不开具体的教学质量标准。学校教学质量标准主要包括教学效果质量标准、教学过程质量标准和教学时间质量标准三个方面。

（一）教学效果质量标准

　　这是学校教学过程的产出标准，主要看学生掌握学科教学内容的知识水平，学生所具备的在实践中运用理论知识的能力水平以及学生在思想道德素养方面的提升程度。一般来说，在每个学期、每个学年后以及毕业和升学时，教育行政部门都会组织考试，对学校进行督导和评估来分析、判断学校的教学效果。因此，考试命题、督导与评估指标的确定对评价学校教学效果质量的科学性至关重要。在素质教育和课程改革全面推进的背景下，考试和督导工作不仅要考查学生对知识的掌握情况，更要从学生的能力水平和思想道德修养的提升等方面全面考查学校的教学效果质量。

（二）教学过程质量标准

　　没有严格的教学过程质量作为保证，是不可能有良好的教学效果的。在学校内部管理过程中，校长、学校教学主管副校长、教导主任、年级组长等人面临的一项最为重要的工作就是制定一系列的规章制度来规范教师的备课、课堂教学、作业批改、考试等环节，确保在上课之前教师能够充分熟悉教材、组织教学内容和了解学生，通过科学、合理地设计教学方法来提高课堂教学效果，提高布置作业的质量并减轻学生的学业负担，以科学命题动态衡量学生的学习成效。

（三）教学时间质量标准

学校整体教学进度必须以国家课程计划、学校培养目标为基本标准，各学科教学的进度也要符合课程标准所规定的基本要求，科学分配教师讲授时间、学生自修时间、完成作业时间、考试与试卷批阅时间、课外活动时间和其他作息时间。各种时间的分配要符合教育规律、教学原则、学科特点以及学生的身心发展的阶段特点。同时，学校教学质量的提升也需要制定出具体的时间进度，以某一个时间为节点，到节点后即分析教学质量改进所取得的成效和存在的问题。这样能够很好地把握学校常规教学和教学改革的时间节奏，使每一位教师、每一名学生都对自己所承担的教与学的任务有一个清晰的时间认知，这对保证和提高教学质量都具有重要意义。

二、教学质量管理模式

根据质量方针、质量目标、质量标准及实施策略的不同，质量管理有多种模式。对于学校教学质量管理来说，常见的模式有目标管理、质量控制、走动式管理等。在实际的教学管理中，要根据学校发展的基本状况、学校教学所亟待解决的问题、学校发展战略和办学理念等方面，来选择适合学校特色的教学质量管理模式。

（一）教学目标管理

实施目标管理，可以为学校教学工作确定一个总体方向，使学校形成一个较科学的教学质量目标系统和实施流程。

1.教学目标管理的特点

在 20 世纪六七十年代，目标管理的概念被引入学校教育领域。学校教学目标管理就是以学校教学所设定的最终成果为标准，通过目标责任制的方法对学校教学工作的量和质进行科学的考核和有效的监督，以激发学校领导者和广大师生的工作积极性，最终提高学校教学质量。教学目标管理的核心是设定教学目标，需重点开展九项工作：论证决策、目标分解、定责授权、咨询指导、检查控制、调节平衡、考评结果、实施奖惩、总结经验。学校教学目标管理有以下几个特点：

第一，重视教学质量管理过程中人的因素。教学目标管理是一种参与的、民主的、自我控制的管理制度，也是一种把个人需求与组织目标结合起来的管理制度。在这一制度下，上级与下级的关系是平等的，彼此相互尊重、相互依赖、相互支持，下级在承诺目标和被授权之后是自觉、自主和自治的。

第二，重视建立目标体系和责任制。从层次上看，教学目标主要包括四个层次的目标：第一层次是国家的培养目标，即培养全面发展的符合社会发展需要的人才；第二层次是各级各类学校的培养目标；第三层次是各个学科、学段、学期、学年的培养目标；第四层次是单元、课题、课时的教学目标。教学目标管理是指通过设计将学校整体目标逐级分解，转换为各个班级、学科、教师的分目标。在教学整体目标分解过程中，要明确教学过程的权、责、利，各个分目标之间要方向一致，环环相扣，相互配合，形成协调统一的目标体系。只有每个教师都完成了自己的分目标，整个学校的总目标才可能完成。

第三，重视教学成效。教学目标管理以制定目标为起点，以教学目标的完成情况为评价的终结，根据每个教职工完成任务的情况进行考核与奖惩。学校教学的整体目标以及各个教职工的分目标一旦设定，实现目标的具体方法、途径等，学校领导者便不过多干预，主要由分目标承担者依据自己设定的标准主动完成工作目标。

2.教学目标管理的实施

（1）建立学校目标系统

学校目标管理的实质在于学校所有的部门及所属成员致力于实现总体目标，在实现总体目标的过程中同时实现各个部门目标和个人目标。在教学目标管理中，要明确教师的教学职能，以贯彻实施国家课程计划、课程标准为基础，吸纳教师参与目标的制定，设定备课、课堂教学、作业布置与批改、课后辅导、考试评价等教学过程各个环节的具体目标，并制定出相应的工作规范和工作质量评价方法，使教学工作得以制度化、规范化和标准化。

（2）加强监督反馈，不断完善管理机制和管理方法

目标管理的一个基本原则是以所设定的目标为参照，适时监督和反馈教学任务的完成情况，实施动态教学管理。因此，学校管理者要建立高效、公正的管理机构，对教师完成任务的进度和质量进行公正的考核，同时还要建立立体交叉、多维的信息网络，随时关注学校目标管理活动的运行状态是否与确立的目标体系相符。

（3）实施人本管理，实现理性与非理性管理的融合

目标管理非常重视教学过程中人的因素，既注重设定科学、客观的教学目标，同时也非常重视在目标实施过程中的人本管理，调动教师依照目标进行自我管理的主动性和积极性。心理学研究证明，人要在心理上维持认知的平衡，需要解释自己行为的合理性。在实施目标量化评估的过程中，学校管理者要做

好细致的思想工作，积极引导教师的内在需求，让教师产生"我要这样做"的动机，在实施刚性管理的同时努力探索情感优化的有效途径，形成刚柔相济、以人为本的管理模式。

（4）实施发展性评价

学校在实施教学目标管理的过程中，不应只看行动的结果，更应看重行动的过程，强调实行发展性评价对教师和学生成长的价值。学校要鼓励教师进一步发展完善自己，同时还要针对不同的教师制定不同的评价标准，一个特级教师、教学能手、学科带头人绝不能和一个新教师使用同一个评价标准，只有这样才能形成不同层次的教师自信、自律、自强的良性循环。学校还要采用工作过程中的日考查、周积累、学期统计的方式，动态跟踪教学过程，并运用所收集的动态数据资料来调控教学过程。对于学生的学习来讲，目标管理十分强调教学要面向全体学生，通过教学来促进所有学生的发展，对教与学的评价不仅要看学生学习的总体情况，更要具体分析哪些学生在哪些方面取得了进步，即针对每个学生实行增值性评价。因此，教师要从学校教学的整体目标出发，遵循因材施教的原则，通过分层教学，使得不同学习水平的学生都能在知识、能力、品德等各方面得到发展。

（二）教学质量控制

教师素质的整体情况、教学过程的管理水平等方面直接影响和决定着学校的教学质量。因此，实施学校教学质量管理必须控制每个环节，必须实施学校全员管理、教学全程管理和学校工作全局管理。

1.学校全员管理

学校管理的要素包括人力、物力、财力、时间、空间、信息等方面，其中人力是最重要的，离开了教师素质的提高和教师提高学科教学质量的积极性和创造性，学校的教学质量不可能得到提升。所以，实施教学质量管理，要求学校围绕教学这个中心合理配置师资力量，围绕教学目标协同活动。学校要在"教"与"学"的过程中充分发挥教师的主导作用和学生的主体作用，尊重教师的教学专业自主权，激发教师工作的积极性和创造性，同时为教学过程提供充足的物质资源和经费保障。

2.教学全程管理

学校教学的整体质量是由各个教学环节的质量决定的。教师的备课情况、上课情况、作业布置与评改情况、考试考核情况等都可能影响到学校的教学质量。因此，要提高学校教学质量，就必须建立一套完善的激励和监控制度，根据教师的能力与专长、所教学科的特点以及生源质量等方面的因素，有针对性地提高各个教师在教学过程各环节的工作积极性和工作质量，实现教学过程的最优化。

3.学校工作全局管理

学校工作的全局管理包括在学校内部管理中要处理好教学工作与德育工作、后勤工作、课外教育工作、班主任工作等各方面的关系，在以教学为中心的前提下，妥善安排好其他各项工作，建立教学工作协调机制，避免工作中的冲突和摩擦，减少教学管理中的内耗等。此外，学校还要综合分析社区背景、家长状况以及地方教育行政管理状况等因素，争取社区、家长和教育行政部门的理解和支持，为提高学校的教学质量提供良好的外部环境保证。

（三）走动式教学管理

走动式管理是当今世界上流行的一种新型管理方式，近年来逐渐被应用到学校教育领域，丰富了学校教学管理的途径和手段。

1.走动式教学管理的定义

走动式管理的概念起源于美国的汤姆·彼得斯（Tom Peters）与罗伯特·沃特曼（Robert Waterman）在1982年出版的《追求卓越》一书。走动式管理主要是指管理者不应再局限于办公室，而应该身先士卒，深入基层，到处走动，以获得更丰富、更直接的员工工作问题，并及时了解解决所属员工工作困境的策略，最终提高组织的工作绩效。

对于学校管理者来说，走动式教学管理是通过自己直接与教师、学生的接触，收集最直接的学校教学信息，以弥补学校正式管理渠道的不足。学校教学管理系统在本质上是一个层级的结构，因此上情下达与下情上达都要经过一系列的组织环节，而每经过一个环节，信息都可能会衰减。走动式教学管理有利于弥补正式组织中信息传递的衰减、过滤和扭曲的问题，有利于学校管理者在第一时间发现学校教学中存在的问题，通过及时沟通尽早发现并解决问题，提升教学质量。

2.走动式教学管理的原则

（1）直接接触原则

这一原则要求学校管理者直接与教师、学生接触，不仅要出现在办公室，还要出现在教室、食堂、宿舍、操场等地。走动式教学管理实际上是一种"看得见"的教学管理方式，学校管理者与教师、学生面对面接触、交谈，及时了解一线教学的动态情况，对教学工作进行现场管理。学校管理者可以在走动时随身携带笔记本，记录观察到的现象，发现存在的问题，避免因事杂遗忘而造成严重后果。

（2）倾听原则

在走动式教学管理中，学校管理者和教师、学生之间是一种建立在相互尊重基础上的平等关系，学校管理者要以一个服务者的身份倾听意见和建议，以赢得教师、学生的信赖。在与师生沟通和交往的过程中，学校管理者要体现出热情的关怀和和蔼可亲的态度，消除教师与学生的戒备心理，这样才能获得第一手的真实信息。

（3）不定期原则

学校管理者进行"走动"要有一个大致的周期，但又不能固定时间，以便更好地观察课堂教学、体育活动、实验教学、社会实践活动的开展情况。走动式教学管理不是一种应付检查式的工作模式，而是在教师常态教学的情况下，学校管理者走进课堂听课，课后与教师一起分析上课情况、收获和存在的问题，更为深入地了解常态教学的状况。

3.走动式教学管理的策略

实施走动式教学管理，必须坚持"走走，看看，听听，问问"，坚持做到注重倾听、注重指导、注重协助，遵循多巡视、少干预的原则。

（1）倾听策略

学校管理者应该把倾听作为走动式教学管理的第一要务，倾听可以让师生感觉到自己受到了重视。通过倾听，学校管理者可以从教师、学生那里得到学校教学的第一手准确信息。

（2）指导策略

走动式教学管理要求学校管理者从居高临下的领导者变成教学工作的指导者。在走动式的巡视中，学校管理者发现一些教学问题是必然的，关键是如何处理所遇到的这些问题。如果不分事件性质和起因，一味责怪、批评教师，则只会引起教师的反感。假如学校管理者能换位思考，平心静气地帮助教师查原因、找症结，并给予必要的指导，则有助于提升教师的教学水平，从而提高学校教学的整体质量，使学校获得更好的发展。因此，走动式教学管理应该是通过有意识地指导和引领的方式来进行的，而不是以粗暴的命令、评价来干涉甚至是剥夺教师教学自主权的方式来解决问题。

（3）协助策略

在走动式教学管理中，学校管理者要遵循以人为本的原则，为教师提供服务。走动式教学管理不是校长越俎代庖代替教师来做决定，而是通过平等沟通，提高教师解决所遇到问题的自信心和能力。在走动式教学管理中，学校管理者是教师的参谋，在充分信任教师和发挥教师自主权的前提下协助教师解决问题。因此，走动式管理不是一种礼节性的拜访或者恩赐式的关怀，其本质在于通过获得真实信息，共同分析和解决问题，提高学校教学管理的效能。

三、教学视导

教学视导既是教学质量管理的重要内容，也是促进教师专业发展的重要途径。

教学视导是指各级政府教育视导或督导机构、教育行政部门及各级教研机构对学校教学有关事项进行视察、考核和指导。广义的教学视导是指一切与教学有关的观察、评估与指导工作，包括评估课程编制、观察教学过程、安排业务进修、评价教学成效等方面；狭义的教学视导是指对教师的课堂教学过程进行的观察、评估和指导活动，其目的在于促进教师的专业发展。

教学视导是评价、指导学校和教师教学工作的基本手段。在实际的视导工作中，依照不同的视导目的、内容、主体以及方式，可以将教学视导分为不同的类型。例如，依据主体的不同，教学视导可以分为行政视导、同侪视导和自我视导三种模式。行政视导是指教育行政督导人员对学校和教师教学工作的视导；同侪视导主要是来自本校或外校的教师对本校教师的教学进行视导；自我视导是学校和教师针对政府所设定的视导标准所进行的自我评估，以发现问题，提出改进策略。在实际的教学视导中，为了获取全面的教学工作信息，对学校教学工作进行整体评估和指导，通常采用多种视导模式并用的方法开展工作。

（一）四种教学视导模式

为了更为有效地发挥教学视导引导教师专业发展的功能，从 20 世纪中后期至今，教学视导研究者提出了多种多样的视导模式。其中，临床视导、合作性专业发展、个人化专业发展和非正式视导四种模式对视导工作实践产生了较大的影响。

1.临床视导模式

"临床"是一个医学术语，原意是指医生为病人诊断和治疗疾病。教学视导的临床视导模式是由哈佛大学的罗伯特·戈德哈默（Robert Goldhammer）等人于 20 世纪提出的。当时，提出临床视导概念的主要目的是视导哈佛大学开设的教育硕士研究生班的教育实习工作。后来，这一模式逐渐推广，并应用于师资培训和中小学督学过程中。临床视导是指通过对教师实际教学的直接观察来获取资料的过程。在实际的教与学的环境中，通过对教师的教和学生的学的双边活动进行观察，依据所获得的第一手资料，向教师提供课堂内的必要帮助，从而使课堂中的教学发生积极的变化，最终达到提高教师教学水平的目的。临床视导模式的特点是视导人员和教师建立面对面的联系，共同观察教学过程，分析教学行为，提出改进措施。

运用临床视导模式对视导人员的素质提出了更高的要求。视导人员不但要精通教学论和课程论，熟悉教学内容和教学方法，同时还要具有较强的组织和沟通能力，能够在教师接受的前提下对其进行专业指导。实施临床视导大体分为五个环节：召开观察前会议、观察教学行为、分析资料并提出改进策略、召开视导反馈会议和视导人员会后自我分析。

第一，召开观察前会议。在进入教师教学的具体场所之前，由视导人员和教师共同参加视导的预备会议。召开观察前会议的主要目的在于分析教材、了解学情、了解教师的专业发展水平和教学方式等。在观察前会议上，视导人员要与教师开诚布公地进行沟通和交流，建立良好的人际关系。视导人员要向教师说明教学观察的目的在于促进教师的专业发展以消除教师的戒备心理，同时，视导人员还要向教师说明观察的时间安排、观察的重点行为和事件以及收集资料的方法等，以取得教师对视导工作的支持与配合。

第二，观察教学行为。在这一环节中，视导人员走入教室或其他教学场所，采用文字记录、录音、录像等方式，利用各种课堂观察表格等工具，对教师的课堂教学进行密集式的观察，做好详细记录，力求全面、客观、完整地收集教学过程资料。

第三，分析资料并提出改进策略。这是临床视导的中心环节。在这一环节中，视导人员要对所收集到的教学行为过程资料进行归类、整理，运用统计分析方法如描述统计、差异性分析、相关性分析和图表分析等对教学过程及其结果进行分析和判断。在此基础上，视导人员要帮助教师总结教学的有效做法，并分析教学中存在的问题，提出改进教学的具体策略。

第四，召开视导反馈会议。教学视导人员把视导的分析和评价结果全面地呈现给教师，既要表扬教师教学的优点，同时也要明确指出教学的不足之处，鼓励教师通过自我诊断和反思自行提出改进策略。视导人员先不要呈现自己所提出的改进策略，如果教师自行提出的策略同视导人员的相仿，则今后可以直接照此操作；如果二者所提出的改进策略不同，则在尊重教师的前提下，视导人员和教师平等探讨，再依据实际情况修改教学改进策略。在视导反馈会议上，视导人员需要创设一种平等、民主、轻松、和谐的反馈会议氛围，切忌以一种居高临下的姿态与教师沟通。

第五，视导人员会后自我分析。视导人员要在会后对自己的视导行为进行适当的分析和评估，并进行自我反思。反思的主要内容包括：到目前为止，采取的教学视导措施是否有效；视导知识、目标有哪些需要修正；在视导过程中，对教师是否尊重；教师是否共同参与了制定视导计划和流程、提出教学改进策略的有关工作。在反思的基础上，视导人员要提出今后视导工作的改进计划。

2.合作性专业发展模式

这是同侪视导的一种表现形式，具体来讲是两个或两个以上的教师为了提高各自的教学业务能力，基于自愿的原则组成专业发展合作小组，他们依据一定的标准，采取定量或定性的方法相互观察课堂教学，互相指出对方教学存在的问题并提出改进建议，以共同达到教学专业成长的目的。合作性专业发展建立在调动教师发展的主动性和积极性的基础上，从学校和教育行政部门正式组织推动的发展转变为教师个人的"我要发展"，与正式的行政视导相结合，能够极大地促进教师教学业务能力的提升。这种模式较容易为教师所接受，而且能够降低视导人员、校长及其他教学主管人员的工作量,提高教学视导的效率。

3.个人化专业发展模式

个人化专业发展的视导模式实际上是一种教师的自我教学视导。在教师的整个职业生涯中，教育行政部门和学校的约束和管理始终是一种外在力量，如果不能转化为个人化专业发展的内驱力，那么教师依然很难获得专业水平的提升。在个人化专业发展的视导模式下，视导人员要与学校合作，学校要通过教育、引导和激励，引领和鼓励教师采取独立自主的方式，参照视导标准制定自己的教学工作目标，并对照视导标准进行自我评估、自我反思。在此过程中，教学视导人员会给教师提供专业指导和帮助。这是一种由教师自行设定并实现教学工作目标，视导人员和教师共同评价教学工作并提出改进策略的一种视导方式。个人化专业发展视导模式可分为五个步骤：教师制定发展目标和计划，视导人员审核，召开双方参加的目标设定会议，进行形成性评价，完成终结性评价。这种视导方式经济、省时，能够最大限度地调动教师自我管理、自我发展的积极性。

4.非正式视导模式

非正式视导是相对于正式视导而言的，指视导人员对教师和学校教学所实施的非正式的、不定期的、短暂的观察和及时的反馈。教学视导人员在没有预先通知教师的情况下，到学校现场观察教师的教学过程以及学生的行为表现，也可以通过教室内的摄像设备在控制室中查看教师的教学过程。从行为方式上来看，非正式视导颇像前面谈到的"走动式教学管理"。非正式视导所观察的是一种最自然、最真实的常规教学，可以作为正式视导的补充。将非正式视导的发现同正式视导所收集的资料结合起来，能够避免正式渠道收集信息的片面性，全面分析和评价教师的教学工作。

在视导实践中，上述教学视导模式之间不是相互取代而是相互补充的关系。要根据视导对象的教学经验、工作能力、专业发展水平、个性特征等方面的因素有针对性地选择视导的具体方式。一般而言，对于初入职的教师或经验不足的教师，较适合采用临床视导模式分析问题，提出改进教学的对策和建议；而对于有一定能力和经验的成熟教师，宜采用合作性专业发展或个人化专业发展的视导模式，以提高教师个人专业发展的责任感和主动性。

（二）教学视导的步骤和方法

依据教学视导的工作流程，可以将其分为视导前的准备阶段、现场视导阶段和教学视导的总结与反馈阶段。因工作内容的不同，每个阶段也存在不同的工作方法。

1.教学视导前的准备阶段

教学视导之前，要做好一系列前期准备工作。主要的准备工作包括：准备好相关学校及其教学情况的资料，事先了解教职工队伍构成情况、生源情况、家长和社区情况等；通过印发材料的方式，向视导人员明确视导工作目的、各项视导指标、视导方法等，提高视导工作的目的性和科学性，必要时还可以对视导人员进行业务培训；进校之前召开视导人员会议，拟定视导方案和具体日程安排，做好人员分工；与学校和教师沟通好现场视导的时间、地点等。

2.现场视导阶段

视导人员进入学校之后，视导工作一般包括以下流程：利用课堂观察工具集中时间全面听课，把重点放在课堂教学上，要尽量听到每位教师的课，或者按照事先约定的计划有针对性地对教师和学科进行课堂观察；也可以对学校领导的教学管理和全体教师的教学常规活动进行深入细致的"看""查""访"，视导人员可分头同时开展工作；视导人员集中汇总视导情况，进行量化评分，并准备交换意见的提纲和有关材料；与学校领导、教师交换视导综合意见，提出如何改进教学工作、提高教学质量的具体建议。

依据工作目的和方式的不同，视导人员进入学校后的现场工作方法主要有观察、倾听、查阅、访谈、测量、评价、指导等。

第一，观察。主要内容包括：观看学校教学的文化环境和学校氛围，观察师生的课堂互动情况，观察学生的学习情况和第二课堂的活动情况，查看学校教学设施及各种功能室的布置和使用情况，观察学校师生的教学活动和课外活动，等等。

第二，倾听。在教学视导的过程中，视导人员一定要首先倾听，而不要急于发表自己的看法。倾听主要包括听取学校领导汇报教学工作情况，听取教学管理者的情况介绍，进入班级听取各学科教师的上课情况，听取师生及学生家长对教学的反应、评价，等等。

第三，查阅。主要内容包括：查看学校、教务处、教研组和教师个人的教学计划、教研工作计划，查阅学校课程计划、课时安排及落实情况，查看学校领导和教师的听课笔记，查阅教师的教案和学生的作业情况，查看学校各种教学科研活动记录，查看师生教与学的落实情况，等等。

第四，访谈。访谈的主要内容有：访谈学校高层和中层管理者，了解他们对教学工作的安排和学校教学规章制度的实施情况；访谈教师，了解他们对学校教学工作的评价和建议；访谈学生，了解他们的开课情况、课业负担、思想动态、学习兴趣以及对教师、学校工作的意见；访谈家长，召开家长座谈会，了解学校的教学管理和教师的教学情况；访谈社区代表，听取社区各界人士对学校的教学评价；等等。

第五，测量。根据教学视导的需要，视导人员对学校教师的教学能力及教学效果和学生的学习情况进行测评，所采取的方式主要包括闭卷考试、开卷考试、口试等。

第六，评价。在全面收集、分析学校教学相关资料的基础上，视导人员根据教学视导结果，对学校的整体工作进行综合评价、量化评分，与学校领导和各科教师交换视导意见，听取他们对视导结果的看法。

第七，指导。教学视导工作的最终目的是提高学校教学工作质量、提高教师专业化水平，这两个方面的目标是并行不悖的。视导人员一般由熟悉学校教学业务工作的行政官员、教学专家组成。在了解、分析和评价学校工作之后，视导人员和学校领导、教师坐在一起进行口头反馈，提出明确的改进意见或提供改进建议，指导学校对教学质量进行提高。

3.教学视导的总结与反馈阶段

进校现场视导工作结束之后，视导机构和视导人员的工作并未随之结束，还要做好教学视导的总结与反馈工作。主要包括处理教学视导材料、撰写教学视导报告、正式反馈教学视导结果以及回访等方面的工作。

第一，处理教学视导材料。经过进校开展观察、听课、查阅、访谈、测量等方面的工作，视导人员每次教学视导之后都会收集到大量的有关学校教学管理、教师课堂教学、作业以及学业成绩等众多资料。在教学视导结束之后，教育督导机构要组织专门人员对有关视导材料进行数据分析、归类和整理。对于所收集到的视导的典型经验还可以在所辖范围内进行通报，推广先进的教学及管理经验。督导机构还要将视导过程中遇到的典型问题、先进经验等向上级政府或教育行政部门进行反馈，为政府和教育行政部门的决策提供支持信息。

第二，撰写教学视导报告。教学视导工作结束之后，视导人员需要及时写出教学视导报告。教学视导报告是对学校教学视导工作的正式评价，既是考核学校教学工作的依据，也是政府加强教育行政管理的依据。教学视导报告的主要内容包括：介绍视导的基本情况，包括视导时间、视导人员、视导对象、视导重点、视导方法、视导数据统计等；介绍视导学校的基本情况，包括师生基本情况、领导成员、教师的结构、家长与社区情况等；对视导学校的教学工作进行总体评价；总结学校教学工作的经验和成绩；指出学校教学工作中存在的问题，并分析产生问题的原因；总结分析视导的效果，撰写视导工作后记。在实际的撰写过程中，视导人员可以根据实际情况对上述方面的内容作出调整或增减。

第三，正式反馈教学视导结果。主要的工作包括：将教学视导报告正式文本主送被视导学校，抄送主管教育行政部门、政府、上级督导部门，对视导过程中发现的一些重要问题还要及时向有关领导单位作专题汇报。如果有必要，则还可以将视导报告摘要印发给被视导学校的家长、社区代表。正式反馈视导结果时，一般需要召开正式会议，向学校讲明视导报告的主要内容，并听取学校的看法。为了进一步完善教学视导结果反馈工作，可以建立视导结果通报和公报制度，包括在教育系统内部通报视导结果，也可以通过互联网、报刊等媒体公布对学校的视导评估结果，这有利于推动教学视导工作的透明化和公开化，强化社会监督，形成推动学校发展的良性社会氛围。

第四，回访。教育视导机构要针对学校教学存在的突出问题，下发限期整改意见书，具体列出整改内容，提出整改要求，明确整改时限。学校要在规定时限内完成整改任务，并向教育视导机构报告教学工作整改情况。教育视导机构要根据实际情况，进行必要的回访，主要是复查和指导整改工作，督促学校改进落实。

（三）提高教学视导科学性和专业性的策略

为了促进学校教学工作高质量、高水平和可持续的改革与发展，加强教学视导工作势在必行，其中，提高教学视导工作的科学性和专业性至关重要。提高视导工作的科学性和专业性，应在以下几个方面进行积极努力：

1.树立伙伴合作的教学视导观念

国际上教学视导发展的经验和趋势表明，从 20 世纪 50 年代至今，教学视导的工作重心已经发生了转移。传统的教学视导主要是一种行政行为，视导人员代表政府对学校教学工作进行考核与评价，主要是看纳税人所缴纳的税收在学校是否被有效利用，其主要指标就是考查学校教学管理和学生的学业成绩情况。而现代教学视导的基本观念已经由注重对学校的考核评估转向通过教学视导，促进学校主动提高教学质量，同时促进教师的专业化发展，因此更加强调视导人员为学校教学管理和教师教学工作提供有效的专业指导。视导人员不是高高在上的评判者，而是促进学校教学质量提高与教师专业发展的平等的合作伙伴。

2.进行专项评估，编制合理的指标体系

教学视导是一种专项评估，主要目的是促进教师的专业发展和学校教学质量的提高。

在明确了教学视导的目的之后，需要编制科学、合理、可测的教学视导评估指标体系。该体系应该包括教学管理、教师教学和学生成长三个方面。其中，学生成长指标不仅要包括学生所学知识，同时还要体现学生能力发展情况以及学生的学习态度和情感状况。通过明确视导目的的发展性，设立指标，可以加强对教学过程和管理过程的观察、检查和评估，重点检验学校教学管理和教师专业发展的进步幅度与速度。同时，还要设立学校教学自主发展方面的指标，重点检查与指导学校教学通过规划、实施、自评与自我监控而不断地改进和发展的情况，以促进学校教学和教师个人自主、持续的发展。

3.规范数据分析

对于学校教学相关资料的收集一定要全面系统，收集资料的方法要科学，这就要求在视导之前的准备阶段，视导机构要系统编制一系列课堂观察工具和调查工具，包括学生学习态度、满意度、效能感等调查问卷，教师巡回路线图，教学程序观察表，学生学习小组观察表，教师提问与理答行为分析表，等等。对所收集的教学视导数据，利用社会科学统计软件和有关的统计量进行定性和定量的数据分析，进行编码、归类和分析，整理归档，可以为有效对学校进行全面、科学的评估和指导提供规范的方法和充足的数据。这就是用事实说话，用规范的方法和研究工具替代经验式、感觉式的评课，对教师的教学改进和专业成长具有举足轻重的作用。

4.提高教学视导人员的专业水平

建设一支数量充足、结构合理、素质较高的视导人员队伍，是科学实施教学视导的基础和保证。如果视导人员在专业知识和方法方面不合格，不了解视导的目的和要求，不熟悉视导的指标体系，那么他是不可能对学校教学工作进行科学视导的，更不可能为教师的专业发展提供有效的建议。因此，科学开展教学视导工作，首先要求教学视导人员具有较高的思想政治素质和教育专业造诣，并有一定的教学工作经历和实践经验。在结构方面，可采用专职视导人员与兼职视导人员相结合、官员型视导人员与专家型视导人员相结合、老中青视导人员相结合等形式，保证视导队伍在年龄结构、知识结构上的合理性与科学性，同时也可以做到优势互补，以深入而全面地开展视导工作。

随着教育事业的发展，视导人员的专业性变得越来越重要，实现视导人员的专业化也成为一项迫切的现实需求。所谓视导人员的专业化，是指明确视导人员独特的任职条件，建立专门化的视导人员培养和培训体制，并采取相应的管理制度和措施，实施视导人员的资格证书制度和职级制度等，使视导成为一项专门职业。视导专业化意味着视导人员不仅应掌握渊博的教育理论及实践的知识，精通相关的法律法规及方针政策，还应掌握可操作性的技能；不仅要具有敬业奉献的道德情操，还应具有高度的责任感与使命感，树立公正客观与廉洁服务的专业操守。同时，视导人员的专业化还意味着：加强对视导人员的教育培训、考核与指导，通过立法确保视导人员的责权范围，不断地提高视导人员的社会地位和经济待遇；开设教学视导相关专业，建立相应学科等，促进视导人员的专业化成长，加快视导队伍专业化建设。

5.充分利用教学视导结果

教学视导的目的是推动学校教学工作，不是为了视导而视导、为了评估而评估。视导能否达到目的，关键就在于结果如何处理。广义的教学视导具有行政用途和专业发展用途。在通常情况下，视导活动结束后，视导人员要向被视导单位和有关部门反馈视导情况，写出视导报告。视导结果应成为学校改进教学工作的依据。各级政府和教育行政部门要认真研究视导报告，对学校教学存在的问题要限期整改，并确定回访检查的时间；要在一定范围内以一定的形式公布视导结果，如发公报、内参、通报等，引起社会各界对学校教学的关注和监督、重视和支持，增强评估的透明度，提高评估的效度；要把教学视导结果作为学校评级、评先和考核校长及分配高一级学校招生指标的重要依据，并与教师的利益挂钩。

6.重视教学视导的元评价

按照一定的理论框架和价值标准对教学视导活动本身所进行的评价称为元评价。在教学视导的具体实施中，教学视导工作可能不同程度地存有偏差和失误，这就要求对教学视导活动本身进行元评价，如教学视导的目标设置是否合理，评价指标体系是否科学、可操作，视导方法和程序是否科学，视导报告的写作与反馈是否及时有效，等等。通过元评价对既定的视导活动作必要的鉴定和监控，使它与所设定的视导目的要求更加吻合，进而提高教学视导工作的科学化水平。

四、教学评价

教学评价是教学质量管理的一项重要工作，是指依据教育方针和学校培养目标，在系统、科学和全面地收集、整理、分析教学内容、教学过程和教学成效等方面数据的基础上，通过数量测量和质量描述的方法，判断教学过程是否达到了预定的目标，进而评价学校教学工作的整体质量。

（一）教学评价的功能

教学评价在评价学校教学质量、考核教师业务工作、提供建议促进教师专业发展等方面都发挥着重要的功能。

1.教学导向功能

评价是教学的"指挥棒"。教学评价所设定的目标、指标、标准对被评价者来说，起着引导的作用，引导评价对象朝着设定的目标和评价标准而努力。教学评价的结果，实际上是树立了什么样的学生是好学生、什么样的教师是好教师、什么样的学校是好学校的标准，必然对教学及其管理工作产生导向作用。因此，在教学评价中，评价者要科学、严谨地制定评价目标、指标和标准，体现教学评价的科学性、全面性和发展性，引导教学工作确立正确的方向。

2.教学诊断功能

教学评价通过收集学校教学工作各方面的数据，可以全面地了解教学工作情况，并运用科学的分析方法判断学校教学的质量、成效和不足。教学评价不仅能够评价学校教学目标的达成度，还可以解释未达成教学目标的原因，是对学校教学工作所进行的一次全面、严谨的诊断，通过揭示问题，可以为今后的改进工作指明方向。

3.教学激励功能

教学评价对教师和学生都具有监督和强化作用，科学、公正的教学评价对师生来说都是一种激励。好的评价结果可以使他们看到所付出努力的回报，激发他们向更高目标努力的斗志；不好的评价结果，如果处理得当，则可以让师生深入反思问题之所在，找出正确的方向和方法，让他们继续努力改进教与学。教学评价既给学校、教师、学生带来了压力，也给他们带来了动力；既可以激励先进，也可以鞭策后进。

4.教学管理功能

评价是学校教师管理和教务管理的重要环节。教学评价中对教师的表现作出鉴定，可以使学校了解教师的工作情况，作为教师考核、晋升的依据，防止教学中的"大锅饭"。同时，教学评价中对学生学习等各方面进行的考查和鉴定，也可以作为学生编班、分组、升学的依据。

5.教学调节功能

教学评价发出的信息可以使师生随时了解自己的教和学的情况，教师和学生可以根据评价反馈信息及时修订计划，调整教与学的行为，从而更为有效地达到目标。

6.教学促进功能

评价贯穿于教学的全过程。教学评价的主要方法包括测验、观察、提问、作业检查、听课和评课等，而这些方面都与教学密不可分，在一定程度上可以认为，评价本身也是一种教学活动。在这个活动中，学生的知识水平、技能、品德素养将获得提升。因此，可以认为，评价是促进学生发展的重要手段。

（二）教学评价的类型

根据评价目的、内容和标准，可以将教学评价分为不同的类型。在具体的教学评价实践中，应结合评价目的综合运用下述评价方法。

1.评价基准的角度

从评价基准这一角度，可将教学评价分为相对评价、绝对评价和个体内差异评价等三种类型。

（1）相对评价

相对评价是以样本总体中的平均状况为基准，将评价对象的测量结果与基准相比较，确定评价对象在整体中所处的相对位置。在这里，评价对象既包括学生，也包括教师和学校。每一个评价对象都会在总体中处于某个特定的位置。

这种评价方式有利于在评价对象之间进行横向比较，能够有效地甄别优劣，可以激发评价对象的竞争意识和成就动机，适用性广，能反映出评价对象之间的差异。但是，由于评价对象所在的样本总体的教学质量水平不一（不等质），所以，不能比较两个不同地域的学校、不同学校的教师以及学生的实际水平。这种评价方式更加注重比较评价对象所处的位置，具有选拔性的特征，不利于考查评价对象是否完成了既定的教学质量目标，难以确定教学质量目标的达成度。另外，竞争性的优选评价，也可能会挫伤一部分评价对象的积极性。

（2）绝对评价

评价主体根据学校教育目标制定教学评价基准，通过评价了解和评判评价对象的教学目标达成度，了解学校教学质量与教学目标的距离、存在的问题及面临的现实困难，从而提出教学改进的对策。绝对评价的中心目的不是比较评价对象在总体中的相对位置，而是重点考查教学目标标准的达成度。这种评价方法的优点是鼓励评价对象向着所设定的目标前进，可以明确地分析和评价评价对象的发展状况与评价目标之间是否存在差距，以及存在多大的差距，把学校教学的关注点吸引到实现发展性的目标上来。但是，在现实的教学中，评价主体所树立的绝对评价标准与学校现实、教师能力和学生素质之间是存在差距的，这就意味着不是每个评价对象都能够达到评价的基准。同时，绝对评价需要制定一个科学、客观的评价基准，但是在教学评估实践中，制定一个客观的、科学的评价基准是非常困难的，往往需要投入大量的资源、时间和人力，而且制定出来的评价基准也不一定为所有的评价对象所接受，这就增加了教学评价的不确定性。

（3）个体内差异评价

这种评价方式不注重评价对象之间的对比，甚至也不注重评价对象与评价主体设定的客观基准的对比，而是在尊重个性、发展特长的基础上提出来的一种以评价对象的过去某个时间点（段）的素质特征为基准的评价模式。个体内差异评价更加注重个体自身发展历程的纵向比较。这是一种发展性评价或增值性评价，可以充分地照顾到评价对象之间的个体差异，充分反映个体的特征和发展变化成果与趋势。但是，个体内差异评价没有客观的标准，很容易使被评价者坐井观天，自我满足，反而使得其止步不前。要克服这一局限性，通常要将个体内差异评价与相对评价、绝对评价综合起来加以运用。

2.评价功能的角度

按照评价功能的差异，可以把教学评价分为诊断性评价、形成性评价和终结性评价。

（1）诊断性评价

诊断性评价又称为准备性评价或前置性评价，是在教学活动开始之前对评价对象的学习或教学工作准备情况以及可能遇到的特殊困难进行诊断，以便有针对性地开展教学和指导工作。诊断性评价一般在课程实施、学期、学年的开始阶段或教学过程中需要的时候进行。诊断性评价可以事先了解评价对象的学习、教学和管理工作准备情况，明确教学工作和学生学习的起点，为开展教学活动提供依据，并能了解评价对象的差异性特征以及遇到的特殊困难，以便在教学活动中采取特殊的补救措施。诊断性评价的主要方法有：查询教学工作记录，分析学生以往成绩，对学生的学习进行摸底测验，进行智力测验和学习态度测验，观察和访谈，等等。

（2）形成性评价

形成性评价也称为发展性评价，它的目的在于了解教师的教学过程，考查教学内容的安排是否合理、教学策略的运用是否得当，随时了解和掌握学生的学习情况，分析教学实践中的长处和短处，以改进教学，促进教师专业发展。它能及时了解学校的情况、存在的问题等，以便及时反馈，及时调整和改进学校工作。形成性评价在教学工作中会经常进行。形成性评价有绝对评价的性质，即它着重于判断前期工作达成教学目标的情况。形成性评价更注重对教学过程的评价，评价结果不是为了实施奖惩，而是为了随时提供教学成效反馈来改进教与学。实践表明，形成性评价对重视学校教学工作过程，提高教学的过程性质量，进而促进学校教学质量的整体提升，具有重要的价值。

（3）终结性评价

终结性评价是对一个学年、学段的某个学科的教学工作质量的总体评价，如学年的期终考试、结业考试和升学考试等。其目的在于对学生的学习质量作出总结性的评价，同时也对学校和教师的教学工作进行整体评估。终结性评价注重的是教与学的结果，借此对评价对象的绩效进行全面鉴定，区分等级，评价结果通常对实施奖惩或升学至关重要。

3.评价方式的角度

按评价方式的不同，可以将教学评价分为定量评价和定性评价。

（1）定量评价

定量评价是指运用数学的方法收集和处理教学评价的数据资料，对教学评价结果进行量化的描述、分析和判断，从而得出量化结论的评价方式。定量评价运用的方法主要包括教育测量与教育统计方法，对评价对象的特性用数值进行描述和判断。定量评价具有客观化、标准化、精确化、简便化的特征，在以甄别、选拔为主要目的的教学评价中是最为主要的评价方式。但是定量评价往往只能测量到评价对象的行为和特性中能够量化测量的部分，而容易忽略那些难以量化的重要品质和行为，如思想态度、思维过程等，并不能完全反映评价对象的整体素质水平。

（2）定性评价

定性评价侧重于根据评价对象平时的表现、反映教与学的整体状况或状态的文献资料、文字材料进行观察和评析，在此基础上对评价对象做出定性结论的价值判断。通常采用的方法有评语法、评定等级法等。定性评价更加强调评价主体自身所拥有的经验、知识基础和专业判断力，更加关注对教与学的整体过程进行系统的考查和评估，并对个体的独特性作出质性的分析与解释。但是，定性评价的标准有时比较笼统，主观随意性较大，易受评价主体个人好恶倾向的影响，难以做到精确和客观。

应当指出的是，定性评价与定量评价并不是截然分开的。事实上，定量分析指标的设立也要建立在定性预测的基础上，而现代定性分析方法同样也可以在对文本资料进行归类、编码的基础上用数学工具计算。因此，定性评价与定量评价是相辅相成的，二者结合起来才能取得最佳的教学评价效果。

4.评价主体的角度

按照评价主体的不同，教学评价可以分为自我评价和他人评价。自我评价是指评价对象既是评价主体又是评价客体。这个自我可以是个人或集体。学校自我评估的主体就是学校自身及其教职员工。他人评价指由评价对象以外的人或组织进行的评价，可以是政府督导部门，也可以是大学专家团队或研究人员。

（三）教学评价指标体系

评价目标既是教学评价的出发点，也是教学评价的最终归宿。教学评价指标体系是指教学评价各项指标所构成的总体或集合，其主体框架是各级各类教学评价的具体指标和标准。教学评价指标体系既是教学评价工作的基础，又是教学评价工作的核心。设计出一个有效、简明、科学的指标系统，将直接影响着教学评价结果的科学性和可信度。当然，不同时代、不同地域可以有不同的指标体系和标准，可以有不同的表述方式。但无论哪种教学评价，其指标体系的开发过程都遵循以下步骤和方法：

1.确定各级评价指标

学校教学评价指标体系主要包括学校教学管理、教师教学过程、学生学业成就、教学研究工作四个基本的方面。教师教学行为评价可从备课、上课、作业、辅导等方面去评价。课堂教学评价可以以教学目标、教学过程、教学效果教学基本功为一级指标。以上所列的各层次的几个方面可构成教学评价的一级指标。一级指标又可以再次细分为二级指标、三级指标……一般来说，一级指标具有较高的抽象程度，指标层级越往下分，指标就越具体，越具有可操作性。从理论上来说，指标层级越多，评价越细致，精确度就会越高，但是如果评价指标超过五个层级，一般人就很难掌握，反而不利于教学评价的有效实施。一般来说，评价指标体系以一至三级指标为宜。指标确定之后，确立每个指标的标准，为教学评价决断提供依据。

2.设置评价指标的权重

指标权重是指在其他因素保持不变的情况下，某项教育评价指标的变化对教学评价结果的影响程度。权重系统地反映出各个评价指标对评价结果的影响因子。在实际的学校教学中，教学管理、教师教学、学业成就、教研工作等的变化对教学评价结果的影响情况是不同的。但是，这个"不同"到底有多大，需要对评价指标体系实施预评价和试测，通过统计分析预评价和试测结果，运用回归分析法、专家意见法、关键特征调查法、层次分析法等多种方法来计量不同的指标变化对教学评价结果的影响程度。在此基础上，设置教学评价的一级指标、二级指标、三级指标等具体指标的权重。只有给各级每一个指标都设置了具体的权重，各级各类评价指标才能形成一个体系，才能保证评价的科学性。

需要指出的是，在教学评价指标体系中，各指标权重既是客观统计分析的结果，同时还体现了国家和社会对学校教育的价值追求。在素质教育和课程改革的背景下，学生的综合素质是教学评价的核心，教学评价目标的设置要体现发展性，因此在评价指标的权重方面，会更多地赋予那些能够促进学生综合素质全面发展的指标以更大的权重。

3.检验与修正评价指标

确定各级评价指标及其权重，就制定出了一个教学评价指标体系的初步方案。这个初步的评价指标体系仅仅是书面的文字，它能否有效地反映学校教学工作的现状、问题和特征，还有待评价实践的检验。只有经过评价实践检验的指标体系才是有效的，才能被接受。因此，需要将所涉及的教学评价指标体系在一定范围的学校教学评价实践中进行检验。检验的主要内容包括评估收集评价资料的可行性、标准的全面性与互斥性、可比较性等方面。根据检验的结果对教学评价指标体系进行修正和完善。教学评价指标体系在得到验证和修改完善之后，才能够正式投入使用。在以后的使用中，还要根据学校教学的实际情况以及教育事业的改革与发展不断修订完善。

（四）教学评价的过程

教学评价是一项技术性很强的系统工作。从过程上来看，教学评价主要包括制定教学评价方案、实施评价方案、撰写教学评价报告、反馈教学评价结论等四个基本环节。

1. 制定教学评价方案

制定评价方案是实施教学评价的第一步。教学评价方案的主要内容包括评价目的、评价对象、评价标准、组织实施、评价方法、实施期限、评价报告完成时间、评价报告接受的单位或个人、预算等方面。

教学评价方案的制定包括以下几个步骤：第一，要明确教学评价的目的依据。党和国家的教育方针和教育目的、培养人才的规格和要求、课程计划与课程标准以及学校培养目标是制定评价方案的基本依据。第二，要明确教学评价希望考查和评判的主要问题。教学评价可以是对学校教学的整体进行考核评估，也可以针对教学工作的某个具体方面进行评价，如教师备课情况、教师上课情况、学生学业成绩、教学管理工作等方面。第三，在明确目的依据和主要问题的基础上，确定教学评价指标体系。如果已经有了比较成熟的指标体系，就可以直接使用；如果指标体系不成熟，则需要经过试测、检验、修改完善后才能使用。第四，确定收集教学工作信息的方法和评价的具体方法。根据评价指标体系确定的项目来确定收集学校教学工作的数据和资料的方法，如观察、测量、访谈等，并制定信息收集流程图，保证信息收集的完整性和客观性。根据评价基准、评价方式、评价功能的不同，选择适合的评价方法。

2.实施评价方案

评价方案的实施就是根据教学评价方案具体开展教学评价工作，即收集评价资料和数据，分析和处理评价资料和数据，最终得出教学评价结论。

首先，运用学业成绩测量、作业分析、问卷调查、听课、访谈、观察、查阅学习档案袋等定量和定性相结合的方法，系统地、全面地收集教学工作相关信息。根据教学评价指标体系对所收集到的学校教学工作资料和数据进行归类、整理。

其次，选择与运用合适的分析方法，对收集到的教学工作数据和资料进行定性和定量分析，在分析的基础上，对学生学习、教师教学、学校教学管理工作进行客观的描述。将教学工作情况与所设定的相对评价、绝对评价和个体内差异评价的各种标准进行比较，分析学校教学目标的达成度以及教师、学生发展状况和存在的问题，揭示存在问题的原因。

最后，汇总教学评价的各个子项目和各方面的评价结果，最终形成对学校教学工作的总体评价结论，同时针对存在的问题，提出教学改进建议。

3.撰写教学评价报告

报告的撰写者是评价主体。无论是自我评价还是他人评价，教学评价报告的写法都没有差别，主要内容包括两大部分，即封面和正文。

为了提高评价报告的传递效率，教学评估报告的封面通常包括以下信息：评价报告的名称，评价目的，评价的组织者或评价主体单位的姓名或名称，评价报告接受单位、部门或个人的名称或姓名，评价方案实施和完成的时间，呈送评价报告的时间，建议作出决策或指定教学改进工作计划的期限。

正文是教学评价报告的主体部分，主要包括三个方面的内容：

一是描述教学评价方案的实施过程。主要内容有：叙述收集和分析处理教学评价信息的过程；分析在评价实施方案中遇到的问题和处理评价信息遇到的困难；说明评价主体和评价对象有无违反教学视导或评价的工作纪律的情况。

二是教学评价结果分析。主要内容有：叙述教学评价收集和分析资料、数据的方法；分析学校教学工作目标达成度和教师、学生的发展程度；分析学校教学工作的整体情况和存在的问题原因。

三是结论与建议。在组织评价人员讨论的基础上，将教学评价结果汇总，形成学校教学评价的最终结论，并提出改进的意见或建议。

4.反馈教学评价报告

评价结束后就要把教学评价报告传递给报告的接受者，促使其采取行动作出改进教学工作的决策并采取具体的教学改进措施。报告反馈一般有三种形式：将教学评价报告反馈给学校或教师，促使其改进教学工作，并听取其对教学评价报告的看法或意见；将教学评估报告反馈给教育行政部门或督导评估部门，为提高和改进教学工作提供支持性的信息基础；通过媒体公之于众。这样既能够促进教育部门内部和学校之间的相互学习和借鉴，还能够获得公众对教育工作的理解和支持，形成舆论监督的氛围，督促评价对象改进工作。

在反馈教学评价报告时，既要保持评价反馈的严肃性，同时还要创设一种平等相待的气氛。当谈到学校工作的问题时要考虑到学校或其他评价对象的心理承受能力，避免使评价对象产生挫折感和焦虑情绪，甚至引起心理冲突。在平等、轻松的氛围中，通过形式灵活多样的沟通，使评价对象自然、自觉地接受评价结果，并能够对评价结果提出自己的看法或建议，以提高教学评价报告反馈工作的可接受性和有效性。

　　（五）教学评价心理调控

　　1.不良的心理现象

　　在对学校教学进行评价的过程中，评价主体和评价对象的一些不良心理现象可能会影响教学评价的科学性、客观性和可靠性。这些不良的心理现象主要有以下几种：

　　（1）首因效应

　　首因效应也叫第一印象效应，是指评价主体第一次接触评价对象时的印象会影响到其后对评价对象的总体印象，进而影响到教学评价效果。如果评价主体对评价对象的第一印象很好，在其心中产生了强烈的印象，则即使其后评价对象表现得不够好，评价主体也会给予高度评价。反之，如果第一印象不好，则后面无论评价对象有何表现，评价主体都不会给予高度评价。

　　（2）近因效应

　　与首因效应相反，近因效应是指在教学评价过程中，在多种教学相关信息不断呈现在评价主体面前的时候，评价主体印象的形成主要取决于后来出现的信息。这也就是说在教学评价过程中，评价主体对学校和教师提供的最近、最新的信息的印象占了主体地位，掩盖了以往形成的对教学的评价，因此也称为新颖效应。

　　（3）光环效应

　　光环效应也被称为晕轮效应，是指评价主体从评价对象某一突出特点或已有的印象出发而形成一个整体印象，影响到其他具体评估活动，即在教学评价过程中只看到某一突出的优点或特色而不关注其他。

（4）对比效应

该效应是指教学评价主体对不同的评价对象进行评价时，由于对他们之间的对比而影响评价主体评价的客观性的一种心理现象。在这种心理的影响下，评价主体在评价时已偏离了既定的客观标准，所以教学评价的结果也就不准确了。

（5）先后效应

该效应是指评价主体在评估过程中由于疲劳以及自身注意、情感、动机等心理变化，评估先后掌握标准不一致或不统一的心理现象。

（6）求全效应

求全效应是指对学校教学工作求全责备，不能客观地看待学校教学工作所取得的成效。在这种心理的影响下，如果某一项或几项工作没有达到上级教育行政部门和学校所设立的评价标准，评价主体就会认为学校工作一无是处。

（7）刻板效应

刻板效应又称定型效应，是指评价主体将刻印在自己头脑中的关于某类学校、某一类教师的固定印象，作为判断和评价学校、教师教学工作依据的一种心理现象。

（8）趋中效应

趋中效应是指评价主体在教学评价时既不愿意给业绩优良的学校以高的评分，也不愿意给业绩低劣的学校打低分，导致对学校和教师的评价结果趋于向中间状态集中，评价结果没有区分度，使得评价失去了应有的激励功能、诊断功能和导向功能。

（9）评价恐惧

评价恐惧是学校和教师作为评价对象而出现的不良心理现象。因为知道教学评价结果可能会影响到自己的职位、职称晋升，津贴福利待遇，以及上级行政机关对学校的评价等，学校管理者和教师可能会对评价产生一种畏惧心理，不愿意接受评价，或者一听说评价就感到十分紧张。

2.克服不良的心理现象

为了保证教学评价的科学性、客观性和可靠性，就必须采取措施克服上述不良的心理现象。从评价主体的角度来说，需要采取的措施有：

首先，通过严格考核的方式选拔评价主体。选择思想觉悟高、经验丰富、能力突出、熟练运用教学评价方法的人担任学校教学的评价主体，同时加强对评价主体业务能力的培训，不断提升其思想道德修养，形成一支高素质的教学评价队伍。

其次，通过设立科学的评价指标体系、编制评价量表、建立回避制度等方面的制度建设，从管理上避免这些消极的评价心理现象的出现。

最后，交替采用多种评价方式，克服采用单一的评价方式所可能带来的不良心理效应。

对于被评价者的心理调控来说，需要采取的措施主要有：

首先，要提高他们对教学评价工作的认识水平，通过会议动员、主题讲解等方式，使他们认识到教学评价的主要功能在于通过评价提高教学质量，而不仅仅是简单地对学校进行奖惩。

其次，在评价指标体系的制定、评价程序方面要听取评价对象的意见和建议，增强评价过程的参与性，打破评价的神秘主义。

　　最后，以通知、讲解的方式使评价对象知晓评价的具体日程安排和各项工作标准，做到心中有数，这样他们才能消除对评价的畏惧心理，积极主动地配合教学评价工作的开展。

参 考 文 献

[1] 曹艺. 互联网视域下学校教育管理应变举措探讨：评《新媒体视域下大学生教育管理研究》[J]. 中国科技论文，2020，15（10）：12-15.

[2] 陈凯. 近现代中国教育管理学的发展研究[D]. 金华：浙江师范大学，2020.

[3] 傅树京. 教育管理的理论与实践探索[M]. 北京：人民出版社，2020.

[4] 霍伊，米斯克. 教育管理学：理论•研究•实践［M］. 7 版. 范国睿，译. 北京：教育科学出版社，2007.

[5] 靳荣杰. 高校教育领导与管理探究[J]. 赤峰学院学报（汉文哲学社会科学版），2020，41（10）：80-83.

[6] 李娜. 基于 TRIZ 理论的高校教育管理工作的创新思路[J]. 山东农业工程学院学报，2020，37（4）：117-119.

[7] 林雪玉. 基于 TRIZ 理论的高校教育管理工作的创新思路[J]. 山东农业工程学院学报，2020，37（6）：162-163，171.

[8] 穆颖超. 大学生思想政治教育管理理论与实践[J]. 中学政治教学参考，2019（33）：100.

[9] 尚磊，王习胜，吴玉剑. 新时代高校思想政治教育管理规律初论[J]. 思想教育研究，2020（9）：41-46.

[10] 王荟. 学生教育管理方法理论探究：评《教育管理：基于问题的方法》[J]. 科幻画报，2020（11）：174，176.

[11] 王文重. 新时期高校学生思政教育管理模式探究[J]. 科学咨询（科技·管理），2020（7）：38.

[12] 夏立治. 教育管理学的理论与实践应用[J]. 食品研究与开发，2020，41（23）：255.

[13] 萧宗六，余白，张振家. 学校管理学 [M]. 5 版. 北京：人民教育出版社，2018.

[14] 游选峰. 基于创新的职业教育的教育管理模式研究[J]. 教师，2019（29）：28-29.

[15] 张东娇，徐志勇，赵树贤. 教育管理学[M]. 北京：高等教育出版社，2011.

[16] 张敏. 创新教育理念下高校教育管理的策略：评《高校教育管理与创新实践研析》[J]. 化学教育（中英文），2020，41（10）：113.

[17] 张宁. "互联网＋" 时代高等教育管理模式创新及启示[J]. 文化产业，2021（03）：125-126.

[18] 赵炜. 教育管理学理论与实践发展互动：评《教育管理学（第五版）》[J]. 化学教育（中英文），2020，41（20）：112.